Altern – immer für eine Überraschung gut

Verena Kast

Altern – immer für eine Überraschung gut

Patmos Verlag

VERLAGSGRUPPE PATMOS

PATMOS
ESCHBACH
GRÜNEWALD
THORBECKE
SCHWABEN
VER SACRUM

Die Verlagsgruppe
mit Sinn für das Leben

MIX
Papier | Fördert gute Waldnutzung
FSC® C014496
FSC www.fsc.org

Die Verlagsgruppe Patmos ist sich ihrer Verantwortung gegenüber unserer Umwelt bewusst. Wir folgen dem Prinzip der Nachhaltigkeit und streben den Einklang von wirtschaftlicher Entwicklung, sozialer Sicherheit und Erhaltung unserer natürlichen Lebensgrundlagen an. Näheres zur Nachhaltigkeitsstrategie der Verlagsgruppe Patmos auf unserer Website www.verlagsgruppe-patmos.de/nachhaltig-gut-leben
Übereinstimmend mit der EU-Verordnung zur allgemeinen Produktsicherheit (GPSR) stellen wir sicher, dass unsere Produkte die Sicherheitsstandards erfüllen. Näheres dazu auf unserer Website www.verlagsgruppe-patmos.de/produktsicherheit. Bei Fragen zur Produktsicherheit wenden Sie sich bitte an produktsicherheit@verlagsgruppe-patmos.de

Bibliografische Information der Deutschen Nationalbibliothek
Die Deutsche Nationalbibliothek verzeichnet diese Publikation in der Deutschen Nationalbibliografie; detaillierte bibliografische Daten sind im Internet über http://dnb.d-nb.de abrufbar.

6. Auflage 2025

Verlagsgruppe Patmos in der Schwabenverlag AG, Senefelderstr. 12, 73760 Ostfildern
www.patmos.de

Umschlaggestaltung: Finken & Bumiller, Stuttgart
Druck: GGP Media GmbH, Pößneck
Hergestellt in Deutschland
ISBN 978-3-8436-0736-0 (Print)
ISBN 978-3-8436-0737-7 (eBook)

Inhalt

Einleitung

Ich werde älter. Noch spüre ich nicht allzu viel davon, noch kann ich vieles. Aber ich werde immer einmal von meinen Mitmenschen auf mein Alter und mein etwas eigenwilliges Umgehen damit hingewiesen. „Arbeitest du noch? Wie lange willst du denn noch arbeiten? Willst du dir das noch antun? Das ist doch Stress!" Und irgendwie klingt an: Du könntest damit mutwillig dein Leben verkürzen. Ich wehre mich energisch dagegen, ins Alter „geredet" zu werden, mit diesen und ähnlichen Bemerkungen auf ein bestimmtes Altersmodell festgelegt zu werden. Meine Befürchtung besteht wohl darin, dass ich es selbst auch noch „glauben" und dass ich meine Art des Alterns plötzlich als fragwürdig einstufen könnte. Ich will selber entscheiden, was ich noch mache in meinem Alter, was mir noch Freude macht, was ich noch will – das ist doch die Freiheit des Alters, die ich hoch schätze, und die werde ich mir zu erhalten wissen.

Menschen altern unterschiedlich, Menschen gestalten auch unterschiedlich ihr Alter. Natürlich spüre ich auch selber, dass ich älter werde, das ist ja auch nicht neu. Seit einigen Jahren ertappe ich mich dabei, wie ich mir auf Reisen sehr deutlich sage: „Da werde ich nie mehr hinkommen…" Natürlich könnte ich noch einmal dahin gehen, aber es sind zu viele Orte, die ich noch sehen möchte. Es gibt viele Orte in der Welt, die mich fasziniert haben, ich bin dennoch nicht mehr dahin zurückgegangen, aber ich habe es mir früher nicht gesagt.

Denn da war ja noch so viel Zeit, so viele Möglichkeiten. Und jetzt gibt es zwar immer noch genug Zeit, auch genug Möglichkeiten, aber nicht mehr für alles. Auch das Wörtchen „noch“ gebrauche ich viel öfter als früher. Ich bewege mich immer noch gerne, aber dennoch weniger rasch als früher. Ich mache mehr Pausen als früher, nehme mir mehr Zeit, mache nur noch eine Sache auf einmal – aber warum sollte ich nicht weiter das machen, was mir bis jetzt in meinem Leben Freude gemacht hat?

Wenn ich mir in diesem Buch Gedanken zum Altern mache, meine ich überhaupt nicht, dass diese für alle Menschen zutreffen könnten. Auch bin ich noch eine „junge Alte“, eine Angehörige des dritten Lebensalters, das man etwa von 65 bis 84 ansetzt, dem dann das vierte Lebensalter folgt, etwa von 85 bis zum Tod. Schwieriger, so wird geschrieben, wird das Leben in diesem vierten Lebensalter; auf dieses sehr hohe Alter werde ich nur gelegentlich einen Blick werfen.

Das dritte Lebensalter indessen, das kann man heute an vielen Orten lesen, ist ein sehr gutes Alter: Körperlich und geistig noch fit, befreit von Erwerbsarbeit, viel unterwegs. Die siebte Dekade, das Alter zwischen 70 und 80, gilt als die emotional befriedigendste Phase des Lebens, auch wenn das zunächst überraschen mag. Von dieser Warte aus schreibe ich – ich bin jetzt 72. Ob das emotional wirklich die beste Dekade ist, kann ich noch nicht beurteilen, werde es aber wohl auch nicht beurteilen können. Wie soll ich das vergleichen, ist da überhaupt etwas Vergleichbares? Die Vergleiche sind statistisch. Dennoch: Mich freut es, wenn solche Altersbilder – gestützt von robusten Untersuchungen – in die Welt gesetzt werden. Die Bilder, die wir vom Altern haben, beeinflussen in hohem Maße unsere Sicht dieses Prozesses und haben so einen Einfluss darauf, mit welchen Erwartungen und Befürchtungen wir an diesen Lebensabschnitt herangehen. Ich selber bin mit einem sehr geliebten alten Großvater aufgewachsen, den ich heute auch als ein wenig weise bezeichnen würde, war aber auch umgeben von anderen alten Menschen, die Wert darauf legten, dass ich in ihrer Umgebung spielte, die mir das Kartenspiel beibrachten, damit sie weiter ihrem Hobby frönen konnten, nachdem einer der alten Männer gestorben war. Auch das lernte ich: Menschen sterben.

Ich sehe das Altern als einen Prozess mit Entwicklungsaufgaben, die uns herausfordern. Als Prozess fängt gutes Altern meines Erachtens schon früh an. Schon früh war mir die Idee, dass Leben „abschiedlich“[1] gelebt werden muss, weil es den Tod gibt, zentral wichtig. Diese Idee schien und scheint mir richtig zu sein und bestimmend für mein Leben – wohl auch für das Leben überhaupt: loslassen und immer wieder sich einlassen; enden lassen und wieder neu beginnen. Dieses Thema wird nun aber im Alter viel existentieller, muss deshalb noch einmal neu in seinen Implikationen bedacht werden.

Was ist mit der damit verbundenen Flexibilität und Kreativität im Alter? Darum geht es mir in diesem Buch. Wie kann man einwilligen ins Älterwerden und sich dabei nicht nur nicht verlieren, sondern auch immer wieder neu mit sich selbst in Kontakt kommen, immer wieder neu das Leben gestalten, trotz der Verluste, sich eine gute Lebensqualität bewahren, eine erfreuliche Zeitgenossin bleiben, in Verbindung mit anderen Menschen? Aus der eigenen Erfahrung, aus vielen Gesprächen mit Altersgenossinnen und Altersgenossen, die zum Teil scharf den Problemen des Alterns ins Auge blicken, habe ich zudem die Themen gefunden, mit denen ich mich hier auseinandersetze.

Ich schreibe als Psychotherapeutin, halte das Alter aber in keiner Weise für eine Krankheit. Die Jung'sche Psychotherapie hat schon immer die zweite Lebenshälfte als eine wichtige Periode im Leben verstanden, in der der Mensch sich nach innen wendet, bis jetzt Ausgespartes im Leben aufnimmt und dadurch mehr zu sich selbst kommt. Heute weiß man viel über die Veränderungen, die sich im Alterungsprozess manifestieren; aus einer psychotherapeutischen Perspektive, die nach Ressourcen fragt, kann man zum einen die Sicht des Alters neu bestimmen, aber auch einfach aufzeigen, was denn bleibt, wie man den Kontakt zu den Ressourcen halten kann, wenn man denn will.

Das Wohlbefindensparadox

Es ist ja keine Frage, wir alle altern: Die Entwicklungen in unserem Körper bewirken, dass wir unselbstständiger werden – das ist das Schicksal, das zu akzeptieren ist. Es verkürzt sich nicht nur unser Zeithorizont, wir bewegen uns auch immer mühsamer auf ihn zu. Die Treppen scheinen steiler zu werden, kleine Knöpfe an Blusen und Hemden entwickeln ein Eigenleben, die Menschen sprechen noch schneller und leiser als bisher, die Zähne werden länger, die Muskeln schwächer, wir können nicht mehr so rasch gehen, wie wir es gewohnt waren, kommen schneller außer Atem, alles geht zunehmend etwas langsamer, das Hörvermögen nimmt ab, wir sehen nicht mehr so gut, reagieren zunehmend langsamer – und Stellen am Körper können plötzlich schmerzen, von denen wir bisher nicht einmal wussten, dass es sie gibt. Hinzu können ernsthafte Erkrankungen kommen.

Dennoch: Altern – so wie es sich halt abspielt – halte ich nicht für eine Krankheit, sondern für eine ganz normale Lebensphase mit speziellen Herausforderungen, so wie jede Lebensphase ihre Herausforderungen hat. Wir werden im Alter aber nicht nur schwächer und sterben dann. Trotz all dieser vielfältigen Verluste ist unser Wohlbefinden erstaunlicherweise so gut wie in jüngeren Jahren, zum Teil sogar besser. Staudinger hat dafür den Ausdruck „Wohlbefindensparadox“[2] geprägt. Wir werden auch glücklicher – statistisch gesehen –, sagen uns andere Studien[3]: Mit 20 sind wir glücklich, dann nimmt das Gefühl der Lebenszufriedenheit ständig etwas ab, nach 45 geht es wieder aufwärts. In der zweiten Lebenshälfte, oder man könnte auch sagen: im dritten Lebensalter, nimmt das Wohlbefinden zu, wird allerdings geringer bei den Hochbetagten.[4] Blanchflower und Oswald[5] meinen, wir könnten – immer statistisch gesehen – erwarten, dass wir in unseren frühen 80er-Jahren so glücklich sind, wie wir mit 20 waren. Wichtiger noch als diese Prognose, die ja durchaus erfreulich ist, ist die Bemerkung, dass dieses Wohlbefinden nicht primär mit glücklichen Lebensereignissen zu tun habe, sondern mit einer tiefen, spezifisch humanen Veränderung im alternden Menschen. Was könnte das sein?

Diese Veränderung erinnert an die Theorie des Individuationsprozesses, den C. G. Jung beschrieben hat.[6] Jung war der Ansicht, dass in der Mitte des Lebens vermehrt Depressionen auftreten, und dass hinter diesen Depressionen Leben verborgen sei, das auch gelebt werden könnte – das bis jetzt ausgespart worden sei. Er versuchte nachzuweisen, dass nach der Mitte des Lebens die innere Welt wichtiger wird, mehr belebt wird, und damit auch die Frage nach dem Sinn. Diese neue Entwicklung wird möglich, indem man sich auch mit dem Unbewussten – über Träume, Imaginationen, gemalte Bilder – in Verbindung setzt. Stone[7] vermutet den Grund, warum Menschen in der Mitte des Lebens wieder glücklicher zu werden beginnen, in Umweltbedingungen (etwa mehr Zeit), in psychologischen Einflüssen, etwa dadurch, dass man im Alter die Welt anders wahrnimmt, weil man viel Erfahrungen hat, Kompetenzen ansammeln konnte, oder sogar in biologischen Einflüssen, etwa in den veränderten endokrinen Ausschüttungen.

Carstensen[8], die wohl die bedeutendsten und auch robustesten Forschungen zum Thema Wohlbefinden bei jüngeren und bei älteren Menschen durchgeführt hat, ist der Ansicht, die Zufriedenheit und die emotionale Stabilität im Alter habe damit zu tun, dass der wahrgenommene Zeithorizont sich verkürzt, und sie weist nach, dass dadurch eine Veränderung in der Motivation entsteht: Weil nicht mehr viel Lebenszeit ansteht, suchen Menschen nach dem, was für sie emotional bedeutsam ist, und das pflegen sie dann auch.

Viele verschiedene Forscher scheinen sich also darin einig zu sein, dass sich mit dem Altern auch etwas eher Überraschendes einstellt, dass eine Harmonisierung, Bereicherung und Belebung des emotionalen Lebens erfahrbar ist, was zu mehr Wohlbefinden führt, trotz aller Schläge, die beim Altern ja auch einzustecken sind. Also nicht notwendigerweise die Altersdepression, die Verbitterung, sondern wir sind auch zufriedener im Alter, glücklicher als vorher – obwohl Einbußen unabwendbar sind. Ein Paradox eben – oder vielleicht doch nicht. Natürlich kann das Altern bei den verschiedenen Menschen auch ganz unterschiedlich aussehen. Wer schon immer eher verbittert war, wird es eher auch im höheren Alter sein. Wer eher vertrauensvoll war, wird dieses Vertrauen auch ins Alter mitnehmen können. Wer mental und körperlich wenig beeinträchtigt ist, wird sich leichter an Umstellungen anpassen. Es gilt also weder, das Altern zu idealisieren noch es zu verteufeln – es ist eine

Entwicklungsaufgabe, und um diese Herausforderungen soll es in diesem Buch gehen. Was hilft uns, diese Herausforderung anzunehmen?

Flexibilität

Flexibilität und Starrsinn

Wenn der Boden schwankt, muss man flexibel werden oder flexibel bleiben. Im Alter schwankt der Boden in mancherlei Hinsicht. Und das nicht nur, weil sich gelegentlich Schwindelanfälle einstellen, sondern auch, weil so vieles, was sicher und verlässlich schien, worauf man glaubte, bauen zu können, bei sich und bei anderen ins Schwanken gerät. Sich auf das Schwanken einstellen, innerlich mitgehen, sich nicht dagegen auflehnen, flexibel sein – so lassen sich viele der unvermeidlichen Imponderabilien des Alters ausbalancieren.

Stellen wir uns vor: Wir sind in einem nicht allzu großen Boot auf dem Wasser, wir wollen aufstehen, vielleicht den Platz wechseln oder auch aussteigen – das Wasser ist bewegt. Das Boot schwankt. Wenn wir dieses Schwanken wahrnehmen, wir uns darauf einstellen, es uns gelingt, mit unserem Körper mit diesen Bewegungen mitzugehen, sie als gegeben anzunehmen – dann können wir sie ausbalancieren, fallen wir nicht ins Wasser. Wer dagegen ängstlich stocksteif in diesem Boot steht, wird mit hoher Sicherheit über Bord gehen, ins Wasser fallen. Kann dieses Bild Hinweise geben, wie mit den Schwankungen im Alter umzugehen wäre?

Flexibilität heißt hier, sich anzupassen an das, was ist, und das, was einem zustößt; mitzugehen mit dem Fluss des Lebens – und dennoch nicht die Form, die eigene

Identität zu verlieren. Flexibel meint ursprünglich, biegsam zu sein, um nicht zu zerbrechen, und immer wieder in die alte Form zurückspringen zu können. Mitzugehen mit den Anforderungen des Lebens, sich dabei aber doch nicht zu verlieren, bei sich selbst zu bleiben, ist gefragt. Leben ist im Fluss, der Veränderungen sind viele, besonders wenn wir älter und alt werden: Veränderungen im äußeren Leben, Veränderungen im Umgang mit sich selber, dem alternden Körper, der alternden Seele, den Mitmenschen, dem Verlust von Mitmenschen. Viele dieser Veränderungen sind nicht vorauszusehen – und deshalb brauchen wir eine Haltung der Flexibilität, denn zu kontrollieren sind viele davon nicht.

Nun verbindet man das Alter nicht gerade mit Flexibilität. Da spricht man doch eher vom Starrsinn der Alten, einer Form der ängstlichen oder auch trotzigen Kontrolle. Und es mag ja auch sein, dass es alte Menschen gibt, die etwas starrsinnig werden, vielleicht trifft auch zu, dass alle Menschen in gewissen Belangen als starrsinnig erlebt und bezeichnet werden können, weil sie einfach nicht von einer Haltung, die ihnen wichtig ist, abzubringen sind, weil sie mit einer übertriebenen Festigkeit dem sie Ängstigenden zu trotzen hoffen. Ich behaupte nicht, dass es keinen Starrsinn gäbe, sowohl bei jüngeren als auch bei älteren Menschen. Gebrauchen wir allerdings den Ausdruck Starrsinn, dann heißt das auch, dass wir mit dem Menschen, dem wir dieses Attribut zuschreiben, im Moment nicht umgehen können. Er steht starr im Getriebe des Lebens – unbeugsam – und das stört den Fluss des Lebens, denn wir können nicht mit ihm in Verhandlung treten, in einen Dialog treten. Ein schroffes Nein wird uns entgegengesetzt, mit dem wir in der Regel nicht flexibel umgehen können, mit dem nicht flexibel umzugehen ist. Man kann dann auch gemeinsam keine Lösung miteinander finden, man kann eine schwierige Situation auch nicht gemeinsam ausbalancieren.

Die Flexibilität im Alter ist dem gegenüber eine „wissende" Flexibilität. Sie rechnet mit Schwächen und Unzulänglichkeiten, sie ist weit entfernt von Perfektionismus, sie weicht aus, wo es notwendig ist, riskiert zu stolpern und vertraut darauf, wieder festeren Tritt zu gewinnen. Sie weiß gelassen um die vielen Veränderungen im Leben und hofft dennoch auf Kontinuität, weiß um die Kontinuität in der eigenen Persönlichkeit, Kontinuität in der Veränderung.

Flexibilität als schöpferische Haltung

Wenn wir von Schöpferischsein sprechen, denken wir oft an ein Produkt: Jemand erfindet eine neue Theorie, schreibt einen Roman, malt ein Bild, komponiert eine Oper. Das, so sind wir uns einig, machen die schöpferischen Menschen. Schöpferisch zu sein ist aber auch eine Haltung mit einer Perspektive und als Haltung allen Menschen zugänglich. Es ist eine Haltung, die das, was interessiert, neu zu verstehen, zu durchdringen versucht und es in einen Zusammenhang mit Bestehendem bringt, so dass dieses Bestehende aus einer anderen Perspektive gesehen werden kann, sich auch anders anfühlt, also auch anders wird. In der schöpferischen

Haltung nehmen wir nur wenig für gegeben hin, sondern werfen den Blick darauf, wie scheinbar Gegebenes auch verändert werden kann oder wie man mit einer neuen Einstellung auch eine andere Wahrnehmung des Gegebenen erreichen kann, eine Wahrnehmung, die lebenstauglicher und lebendiger ist. Alles kann auch anders sein, neu; alles, auch Störendes, ist in dieser Haltung interessant, ein Anlass, sich damit auseinanderzusetzen: in einer mehr lebenspraktischen Weise, indem man Wege sucht, wie man sich in vertrackten Lebenslagen doch noch vom Boden erheben kann, in einer mehr spirituellen Form, wie man einer Situation, die einem sinnlos erscheint – etwa der Tod eines geliebten Menschen vor der Zeit – doch noch Sinn abtrotzen kann oder sich auch entscheiden kann, zunächst ohne Sinn zu leben.

In einer schöpferischen Haltung sind wir davon überzeugt, dass wir Einfluss auf unser Leben haben, immer wieder Einfluss auf unser Leben nehmen können, dass eben nichts ein für alle Mal gegeben ist und daher auch verändert werden kann. Aber auch umgekehrt: Wenn wir Menschen mit einer schöpferischen Haltung sind, sind wir auch – meist unbewusst – davon überzeugt, dass nur wenig bleibt, wie es ist, und dass dieses Wissen dennoch nicht unserer Persönlichkeit und unserem Leben den Boden entzieht. Gerade darauf vertrauen wir: Was immer auch geschieht, es geschieht mir, und ich kann in irgendeiner Weise damit umgehen. In dieser Haltung befürchten wir nicht die ständig zu erwartenden Veränderungen, sondern wir können sie gelassen angehen, wenn sie denn eingetroffen sind. Gewiss gilt das nicht für alle Veränderungen: Ein plötzlicher Krankheitseinbruch oder der Verlust einer uns nahestehenden Person wird uns dennoch erschüttern und auch Ängste auslösen.

Bedürfnis nach Kontrolle

Vor-Sorge

Die Erfahrung, dass man öfter als früher die Kontrolle über den Körper, über die Alltagsbewältigung zu verlieren droht oder gar verliert, ruft nach Kontrolle. Eine besondere Form der Kontrolle im Alter und für das Alter ist die Vorsorge. Alte Menschen können sagen, sie hätten vorgesorgt, und jetzt sei es genug. So, wie der Winter kommt und man sich darauf einstellt und Vorräte an Heizmaterial anlegt, weiß man, kommt auch das Alter, und man kann sich nicht mehr auf alles so einstellen wie zuvor. Bei einigem kann man zwar auch vorsorgen: hinreichend Geld, um über die Runden zu kommen, eine geklärte Wohnsituation, eine Idee, wie man leben möchte, wenn man viel Hilfe braucht. Für existentielle Erfahrungen vorzusorgen, ist schwieriger: Natürlich wissen alle Menschen, dass im höheren Alter Freunde und Partnerinnen sterben werden, wichtige Bindungen, die Geborgenheit geben, verloren gegeben werden müssen – aber da kann man nicht wirklich vorsorgen. Es ist vielleicht möglich dafür zu sorgen, dass es noch Menschen gibt im Beziehungsnetz, die jünger sind. Aber auch das kann einen nicht vor Verlust schützen.

Eigentlich kann man gegen das Schicksal nicht vorsorgen. Aber möglich ist das Sammeln von guten Erfahrungen, von Freuden, die man erlebt hat, das Sammeln von psychischen Schätzen – für die härteren Tage. Aber auch die Vorsorge hat ein doppeltes Gesicht: Das Vorsorgen, die Sorge im Voraus, der Blick auf die härteren Zeiten sind sinnvoll, damit man sich dann nicht mehr zu sorgen braucht, wenn man es nicht mehr kann. Der besorgte Blick auf die Zukunft – Wie lange noch? – bedeutet aber auch: Jede kleine Schwäche, die man früher unter Stress abgebucht hätte, wird als Vorbote einer Zeit gesehen, in der immer weniger geht. Wie lange geht das noch gut? Wie lange kann das noch gutgehen? Kann ich das in einem Jahr noch? Und vor allem: Was kann ich tun, damit es noch möglichst lang gut geht? Keine Vorsorge ist das, sondern eine handfeste Sorge! Natürlich kommt einmal die Zeit, in der vieles nicht mehr gehen wird. Aber: Vor lauter Sich-Sorgen kann man das, was noch da ist, was das Leben reich macht, nicht mehr genießen. Davor warnte bereits Seneca: „Es ist ohne Zweifel töricht, weil du irgendwann einmal unglücklich sein wirst, jetzt schon unglücklich zu sein."[9]

Die Beschäftigung mit dem Alter ist problematisch: Wir wollen „gut altern", wissen, was im Alter wichtig sein könnte – und alles, was wir tun, hat in sich auch die Tendenz, das Defizit bereits vorwegzunehmen, sich jetzt schon im sehr hohen Alter zu sehen und dieses zu generalisieren und mit dem Alter als Ganzem, das ja sehr unterschiedliche Phasen umfasst, gleichzusetzen. Entweder wird das Alter ausgeblendet, oder man lässt sich gleich schon sehr alt sein und möglicherweise sogar sterben. Dadurch wird das Jetzt – und das Leben findet im Jetzt und Hier statt – überschattet. Dazu macht Seneca in seiner Schrift *Über die Kürze des Lebens* darauf aufmerksam, dass die Erwartung, die vom Morgen abhängig ist, das Heute zerstört.[10]

Aber auch umgekehrt gilt: Die Angst von heute kann in der Vorstellungskraft die Zukunft viel düsterer malen, als sie dann ist. Die Befürchtungen von heute lassen die Zukunft nicht offen sein, lassen keinen Raum für Flexibilität im Umgang mit den Schwierigkeiten, aber auch keinen Raum für überraschend gute Erfahrungen. Das Vorsorgen, das dazu führen soll, dass wir mit wenig Angst das hohe Alter erreichen, kann gerade bewirken, dass eine Periode des Lebens nicht in ihrem Wert gesehen und geschätzt wird, weil man sich zukünftiges Unheil möglichst vom Leib halten will, weil man noch so viel wie möglich kontrollieren will.

Fantasien des Vertrauens

Was befürchtet man nicht alles: Wir können uns schreckliche Szenarien vorstellen, für uns selber, für die Menschen, mit denen wir uns verbunden fühlen! Nicht selten sind es gerade diese aggressiven Fantasien, die Angst auslösen können:[11] Da stellt sich der alte Mann vor, wie seine beiden Söhne mit ihren Autos Unfälle haben werden – diese Unfälle stellt er sich minutiös vor –, und die Söhne werden behindert sein, er kann nicht helfen, und ihm wird auch nicht mehr geholfen werden. Er hofft, dass das nicht geschehen wird. Denn wenn das geschähe, dann hätte er niemanden mehr, der ihm beistehen könnte. Seine Vorstellung regt ihn aber unmäßig auf. Warum muss er sich ein so aggressives

Szenario vorstellen? Er würde dieses Szenario nicht aggressiv nennen, sondern besorgt. Dennoch ist diese Fantasie voll von destruktiven Szenen. Ist das eine Form, sich mit dem nahenden Tod zu beschäftigen, dem Tod verstanden als „unzerstörbarem Zerstörer"?[12] Man will der Angst entgehen und schafft dadurch gerade Angst.

Das Bedürfnis nach Kontrolle betrifft nicht nur die Bewältigung des Alltags, der zunehmend schwieriger sein kann, sondern auch die beiden Grundängste, verlassen zu sein und ausgestoßen zu werden. Um nicht verlassen zu werden und sich nicht ausgestoßen zu fühlen, werden in der Fantasie Beziehungen „kontrolliert", und zwar paradox, wie bei dem alten Mann, der fantasiert, was seinen Söhnen alles geschehen könnte, und der wohl hofft, mit seinen Fantasien genau das zu verhindern. Er macht sich dabei aber nur unglücklich, wird noch ängstlicher.

Manche versuchen es realer im Alltag, indem sie den Beziehungspersonen klarmachen, wie sehr sie sie brauchen. Gelingt das liebevoll freilassend, mit freundlichem Blick, mag das bestehende Beziehungen intensivieren und eine größere Innigkeit ermöglichen. Geschieht das jedoch ängstlich vorwurfsvoll fordernd und daher auch klammernd, wird gerade das Gegenteil erreicht: Es entsteht keine Nähe, man bleibt allein, fühlt sich vielleicht sogar ausgestoßen. Es ist wichtig, sich selber nicht auszustoßen, sondern sich selber immer noch als einen Teil der Mitwelt zu verstehen und sich auch immer wieder einmal einzubringen mit Ideen und Gedanken, so wie es halt möglich ist. Flexibel eben. Allein sein, sich den eigenen Gedanken und Fantasien überlassen, aber auch wieder in Beziehung treten, sich einbringen, wenn es passt.

Es wäre sicher besser, Fantasien des Vertrauens zu pflegen, für sich selber, für die anderen Menschen. Das würde dazu führen, dass man darauf vertraut, noch Einfluss auf das Leben zu haben. Was hat man noch zu geben? Fantasien des Vertrauens nähren auch das Selbstvertrauen, zudem das Vertrauen, auf Veränderungen des Lebens in einer guten Weise reagieren zu können – flexibel zu sein. Manche Menschen sind von Kindheit an vertrauensvoller, sie haben dem Leben schon immer auch gute Überraschungen zugetraut, sie trauen anderen Menschen Gutes zu, sich selber auch. Sie haben einen freundlichen Blick aufs Leben und auf sich selbst, auch auf die zunehmenden Schwächen und die zunehmenden Ängste.

Wer nicht so sehr begabt dafür ist, vertrauensvoll zu sein, könnte sich zumindest zum Vertrauen entschließen. Wer ein höheres Alter erreicht hat, hat das eigene Leben kompetent gelebt und auch erlebt, dass in vielen Situationen Grund zum Vertrauen vorhanden war, zum Vertrauen in sich selbst, aber auch zum Vertrauen in andere Menschen. Ein erinnerndes Zurückblicken[13] auf unser Leben erschließt dann, in welchen Situationen wir uns als besonders vertrauenswürdig erlebt haben oder wann wir froh waren, auf uns selber vertrauen zu können, aber auch, wo uns selbst ganz gegen unsere Erwartung viel Vertrauen entgegengebracht wurde. Angesichts der Tatsache, dass nie endgültig auszumachen ist, ob Misstrauen oder Vertrauen angebracht ist, könnte es

Weisheit sein, sich zum Vertrauen zu entschließen und damit auch zum Ausdruck zu bringen, dass wir in einer Welt leben möchten, in der das Vertrauen über das Misstrauen dominieren kann. Das hieße praktisch: Auch wenn ich noch lange nicht alles kontrollieren kann, vertraue ich darauf, dass es mir gelingen wird, trotz Schwierigkeiten einen guten Einfluss auf mein Leben zu nehmen und auf diese Weise ein attraktiver Mensch zu bleiben, so dass andere Menschen meine Nähe gerne aufsuchen. Es könnte ein Zuwachs an Weisheit im Alter sein, nach und nach zu lernen, was kontrolliert werden kann, auch kontrolliert werden muss, und was man getrost auf sich zukommen lassen kann oder muss.

Die Fähigkeit des Hinnehmens

Eine 85-Jährige sagte mir, seit sie aufgehört habe, sich zu fragen, was „morgen" sei, sei sie viel ruhiger geworden, geradezu heiter. Eines Morgens sei sie aufgewacht und habe sich gesagt: „Es kommt eh, wie es kommt. Flexibel muss man sein, sich auf die neuen Situationen einstellen, und das konnte ich eigentlich schon immer ganz gut." Allerdings gebe es da auch ein Problem: Sie werde nervös, wenn etwas Neues auf sie zukomme. Damit müsse sie lernen, umzugehen. Diese neue Lebensweisheit, die sie beherzigen will – man muss es nehmen, wie es kommt, und flexibel sein –, schreibt sie einem Traum zu.

Schon immer haben ältere Menschen, aber auch schwer kranke Menschen gesagt: „Man muss es nehmen, wie es kommt", „Ich nehme das Leben jetzt von Tag zu Tag." Was steckt hinter dieser Aussage? Weisheit? Resignation? Gibt man sich auf? Die Anderen, Jüngeren, können noch in die Zukunft planen, ich aber, der ältere Mensch, stehe unter Zukunftsschwund, habe keine wirklich zeitliche Erstreckung mehr vor mir, kann mich nicht mehr lustvoll auf die Zukunft ausrichten. Oder doch? Die Aussage, jeden Tag zu nehmen, wie er kommt, hat durchaus einen Sinn: keine großen, zu sehr ausgemalten Erwartungen mehr zu haben, etwa an die Mitmenschen – dann kann man auch nicht enttäuscht sein, wenn diese Erwartungen nicht eintreffen. Allerdings: Was ist dann mit den Vorfreuden?

Vorfreude ist ein wunderbares Lebenselixier. Die Vorfreude lebt aus der Imagination, der Vorstellungskraft – sie ist unser ureigenes Produkt. Wichtig dabei ist nur, dass wir die Vorfreude als solche schätzen können, sie nicht in Verbindung damit bringen, dass auch eintreffen muss, was wir uns vorgestellt haben. Das sind zwei verschiedene Situationen. Können wir die Vorfreude genießen – und sei es „nur" die Vorfreude auf den Frühling und die damit verbundene Blüte –, dann ist das eine Erfahrung, die für sich selbst steht. Vielleicht ist der Frühling oft verregnet. Das tut aber der Vorfreude keinen Abbruch: Wenigstens hatte man die Vorfreude. Vorfreude kann man nicht verderben, Vorfreude kann aber auch nicht nachgeholt werden. Zu enge Erwartungen zu haben, bringt Enttäuschung. Keine Erwartung zu haben, macht uns arm.

Flexibel sein, offen sein für das, was der jeweilige Tag bringt. Es stimmt ja auch, dass jeder Tag etwas anderes bringt, und wenn wir es aufgegeben haben, die Zukunft kontrollieren zu wollen, können wir neugierig darauf schauen, was denn jetzt wieder „Interessantes" geschieht. Es ist vielleicht dann Lebenskunst, dass man auch neue Gebresten einmal unter dem Aspekt „interessant" versteht, als etwas, das unser Interesse verlangt. Und da muss man denn eben – und das nicht nur im höheren Alter, aber dann ganz besonders – flexibel sein, sich immer wieder neu einstellen auf das, was ist. Es gilt, sich zuzutrauen, dass man das auch kann, dass einem immer wieder etwas einfällt im Umgang mit Unabänderlichem, und darauf zu vertrauen, dass man eine gewisse Lebenskunst entwickelt hat, eine Könnerin, ein Könner im Umgang mit dem Leben, was immer es auch bringt, geworden ist. Denn eigentlich, recht bedacht, hat man im höheren Alter doch schon eine beträchtlich große Kompetenz im Umgang mit dem Leben bewiesen – man könnte sich also selber durchaus einiges zutrauen, auch wenn es schwieriger wird.

Was für ein Unterschied, wenn wir sagen: „Ich muss flexibel sein" oder „Ich möchte flexibel sein, ich traue mir zu, flexibel zu sein", statt resigniert und in der Rolle des Opfers des Lebens zu sagen, man müsse nun halt von Tag zu Tag schauen! Im Entschluss und in der Erlaubnis zur Flexibilität schwingt die Überzeugung mit, auch in der kurzen Zeit, die bleibt, das Leben gestalten zu können. Auch dann wird man jeden Tag nehmen, wie er kommt, aber es ist nicht dieses depressive Einwilligen, halt von Tag zu Tag zu schauen, weil einem sonst nichts anderes übrig bleibt und bei dem das ganze Leben sozusagen zusammengeschrumpft ist auf den einen

Tag, so wie es auch in einer depressiven Stimmung zusammenschrumpft.

Flexibel auf das zu reagieren, was dann halt so anfällt, ist von Vertrauen und von Interesse geprägt: Ich darf jeden Tag nehmen, wie er kommt: Manchmal muss man wohl dennoch etwas müssen – oder aber auch einfach aus dem Fenster schauen und sich an der Welt freuen, eine Pflicht auch einmal nicht erfüllen, weil man müde ist. Sich ganz lange Zeit nehmen für etwas, das uns als schön erscheint, lässt spüren, wie wir darüber ins Lot kommen, Zeit haben für die Schönheit, Zeit dafür, sich von der Schönheit umhüllen zu lassen. Was bringt der Tag? Wie lebe ich ihn? Wie bewältige ich, was zu bewältigen ist? Kreativität ist hier gefragt, Kreativität im Bewältigen und im Erleben des Alltags.

Flexibilität und Kontrolle

Im Bild vom schwankenden Boot ist nicht nur das Thema der Flexibilität angesprochen, sondern auch die Gefahr, die sich daraus ergibt, wenn wir uns auf etwas ver-steifen, starr sind, starr bleiben, nicht mit den Wellen mitgehen.

Ein alter Surfer erzählt: „Wenn die Welle gut ist, ist es ja kein Problem, man spielt mit ihr, surft auf ihr, lässt sich dann irgendwann ans Ufer tragen. Wenn die Welle aber nicht gut ist, und sie hat dich bereits erwischt, lass dich von ihr herumwirbeln, wehre dich nicht, versuche, ab und zu Luft zu bekommen, und lass dich ans Ufer tragen. Sie kommt ans

Ufer, schmeißt dich vielleicht auch aufs Ufer – aber darauf kannst du vertrauen: Du kommst ans Ufer! Aber man muss sich auch der gemeinsten Welle überlassen, wenn man schon einmal von ihr erfasst ist. Dagegen ankämpfen kostet viel zu viel Kraft und kann bös ausgehen."

Mit den Wellen mitgehen, auch mit den gemeinsten – sich anpassen, flexibel sein –, die Angst aushalten und darauf vertrauen, dass man lebend das Ufer erreicht, darauf kommt es an. Nicht noch mehr Kontrolle ist im Alter gefragt, nicht noch mehr, sich zusammenzunehmen, sich steif aufrecht zu halten, so dass man mit Müh und Not „die Alte" oder „der Alte" bleibt, sondern Flexibilität, und zwar deshalb, weil bei vielem, das da so schwankt, Kontrolle nicht möglich oder nicht mehr möglich ist. Was bleibt, ist, sich auf Unvorhersehbares einzustellen, zu hoffen, dass man damit umgehen kann, auf Einfälle zu vertrauen, wie mit diesem Schwanken umzugehen ist, und darauf, dass sich vieles auch von selber wieder neu einspielt – vielleicht auf einer anderen Ebene.

„Du bist noch ganz der Alte", sagt man zum 90-Jährigen – und er freut sich und gibt sich Mühe, noch ganz der Alte zu sein. Er nimmt sich zusammen, versucht, sich zu konzentrieren, behauptet, kein Nickerchen machen zu müssen, schläft aber im Gespräch ein, schreckt auf, schämt sich, sucht eine Ausrede ... ganz der Alte. Für die versammelte Familie, gerade auch für die Jungen, wäre es interessant, einen lebendigen 90-Jährigen zu treffen, mit seinen jetzigen Interessen, mit seinen Bedürfnissen im jetzigen Alter. Denn eigentlich sehnen sich Jüngere nach älteren Weisen. Das ist derjenige sicher nicht, der sich anscheinend nicht verändert hat.

„Ganz der Alte, ganz die Alte" – sicher, man bringt zum Ausdruck, dass man froh ist, dass der Mensch nicht so abgebaut hat, sich nicht so sehr verändert hat, wie man befürchtete. Das Erschrecken angesichts der Veränderungen, die das Alter mit sich bringt, die Begegnung mit Fantasien des nahen Todes, die werden einem zunächst erspart. Aber man lernt auch keine alten Menschen mehr kennen oder nur noch wenige. Und: Wie viel Kraft braucht es, der Alte oder die Alte zu bleiben, nicht älter werden zu dürfen, nicht müder sein zu dürfen als früher, nicht plötzlich andere Interessen zu haben, als man sie zuvor gehabt hat. Denken wir an die Sexualität: Nicht neue Formen der Sexualität und Intimität erproben dürfen, sondern, Viagra sei Dank, immer noch der Alte!

Der oder die Alte zu bleiben, ist nicht nur eine riesige Anstrengung, es ist auch eine Abwertung des Neuen, des Alters eben. Eine unheimliche Komplizenschaft bahnt sich an: Der alte Mensch, der findet, dass er immer noch gleich sein muss, um die Jüngeren – oder sich selbst – nicht zu erschrecken, und die jüngeren Menschen, die dankbar sind, wenn sie nicht mit Anzeichen von Verfall konfrontiert werden, oder die plötzlich feststellen müssen, dass dieser Mensch noch ganz andere Wesenszüge hat, als man gedacht hatte. Hier ist also die Flexibilität der Jüngeren gefordert, verbunden mit der Einladung, den alten Weisen oder die alte Weise – wenn auch nur ansatzweise – in einem alten Menschen zu sehen oder im Gespräch hervorzulocken.

Das Bedürfnis nach Kontrolle als Grundbedürfnis

Nun steckt natürlich hinter dem Wunsch, noch ganz der oder die Alte zu sein, ein verständlicher Wunsch: Vieles von dem, was man *noch* kann, möchte man möglichst lange so behalten. Fertigkeiten, die man nicht übt, gehen rasch verloren; hört man auf, sich zu orientieren, wird man rasch orientierungslos. Wie also nichts preisgeben, was nicht preisgegeben werden muss, und wie wissen, was man preiszugeben hat, weil es anders nicht mehr geht?

Das Bedürfnis nach Orientierung und nach Kontrolle ist ein Grundbedürfnis des Menschen: Vorauszusehen, was eintreffen könnte, und das, was eintrifft, dann so zu beeinflussen, dass es in etwa unseren Zielen, unseren Wünschen entspricht, oder uns selber so zu beeinflussen, dass wir nicht mit unkontrollierbarer Angst und Gefühlen der Ohnmacht reagieren, ist für uns Menschen grundlegend wichtig. Das führt zu einer Erfahrung von Selbstwirksamkeit, zur Erfahrung, unser Leben auch in schwierigen Situationen noch in der Hand zu haben, verbunden mit dem Lebensgefühl, Handlungsspielraum zu haben, immer noch einen Handlungsspielraum zu haben. In der Folge fühlen wir uns kompetent, haben ein gutes Selbstwertgefühl, fühlen uns dem Leben gewachsen. Wir spüren eine innere Kraft, auch wenn wir äußerlich vielleicht schon etwas zerbrechlich sind.

Die Kontrolle haben können Menschen ganz allgemein dann, wenn sie den Überblick über die Situationen und Lebenszusammenhänge haben, in denen sie stehen, wenn sie wissen, was vor sich geht, aber auch, wenn die sensorischen Fähigkeiten den Überblick noch erlauben.

Am Anfang des Lebens hat die Fähigkeit zur Orientierung und zur Kontrolle einen großen Zusammenhang mit der Bindung: Über die Beziehung zur Bindungsperson erlebt das Baby, dass es die Welt einigermaßen verstehen kann, auch in etwa voraussehen kann, was als Nächstes zu erwarten ist, und dass es Mittel hat, dafür zu sorgen, dass es das Lebensnotwendige erhält, etwa Nahrung bei Hunger oder Anregung bei Langeweile. Kinder mit einer sicheren Bindung, mit einer ihnen immer wieder möglichen Regulierbarkeit der Emotionen – allein oder mit Hilfe der Beziehungspersonen – sind explorativer, wagen die Welt zu erkunden, müssen sich nicht ständig versichern, dass die Eltern noch da sind. Exploration, Neugier, Interesse, Freude – das sind die Ingredienzien einer kreativen Haltung, verbunden mit den Fragen: Wie ist die Welt? Wie kann ich sie verändern? Auch mit der Erfahrung: Ich kann sie verändern! Ich habe eine gewisse Kontrolle über sie. Angst und Wut stören eine explorative Haltung, eine Haltung, die die Welt als interessant, als begehrenswert, als wunderbare Herausforderung erscheinen lässt. Die gehobenen Emotionen – Freude, Interesse, Hoffnung –, die nicht einfach dem Überleben, sondern dem Wohlbefinden dienen, sind eng verknüpft mit einer sicheren Bindung, sie sind aber auch eng verknüpft mit der Erfahrung, selber immer wieder etwas bewirken zu können, Hindernisse auch als Herausforderungen annehmen zu wollen und zu können.

Aber auch später, wohl durch das ganze Leben hindurch, stehen Orientierung und Kontrolle mit Menschen, die uns nah sind, in Verbindung – es fällt nur nicht so auf wie beim Kleinkind. Sehen es die anderen auch so? Sie leihen uns gelegentlich ganz real ihre Augen und Ohren, sagen uns, was sie gehört oder gesehen haben, sie leihen uns aber auch einfach ein Ohr für Kümmernisse. Orientierung und Kontrolle im höheren Alter stehen wieder deutlich stärker in Beziehung zur Bindung und zu Bindungspersonen als in den mittleren Jahren. Die Älteren brauchen stärker andere und ihre Wahrnehmung der Welt, um sich zu vergewissern, dass man richtig verstanden hat oder dass man sich richtig entscheidet. Dabei kann auch die Vorstellungskraft die Anwesenheit eines realen anderen Menschen ersetzen: Wie habe ich das Problem schon einmal in meinem Leben gelöst? Oder: Wie würde ein von uns als kompetent erlebter Mensch sich in dieser Situation verhalten? Auf die Bedeutung der Imagination werde ich später noch eingehend zurückkommen.

Umgang mit Angst

Wie wichtig Orientierung und Kontrolle sind, wird uns bewusst, wenn wir uns bemühen, uns mit unkontrollierbaren Ängsten auseinanderzusetzen. Eine Bedrohung, auf die wir mit allen bis jetzt gelernten Strategien nicht reagieren können, löst Hilflosigkeit aus. Lähmung oder Erregtheit machen sich bemerkbar – und vielleicht fällt uns dann doch noch etwas ein und dieser unangenehme Zustand verschwindet, die Situation erweist sich doch als kontrollierbar. In der Folge fühlen wir uns nicht mehr ohnmächtig, sondern kompetent, wir sind zufrieden, haben Selbstvertrauen.

Mit anderen Menschen über die uns ängstigende Situation sprechen zu können, die Angst mit anderen Menschen zu teilen, hilft, mit Ängsten umzugehen und Strategien zur Bewältigung von ängstigenden Situationen zu entwickeln. Können wir aber eine drohende Gefahr nicht abwenden, dann wird aus der Angst Ohnmacht, Verzweiflung, Wut. Unser Selbstvertrauen schwindet. Wir werden starr, stur. Es ist kein Wunder, dass wir versuchen, in unserem Leben möglichst vieles zu kontrollieren. Kontrollieren zu können gibt uns ein gutes Gefühl: Man kann sich im Leben orientieren, hat einigermaßen den Überblick – so wenigstens redet man es sich ein. Und man tut auch etwas für diesen Überblick: fragt, plant, sieht voraus, kümmert sich um übermorgen und meint dann, es könnte nichts Unverhofftes – oder wenigstens nur ganz selten etwas Unverhofftes – geschehen. Bei diesem kontrollierenden sich Orientieren ist man immer darauf bezogen, was morgen, was übermorgen ist, und immer in Sorge, etwas könnte der Aufmerksamkeit entgleiten, immer besorgt, das Morgen auch gut gestalten zu können. Alle möglichen Strategien entwickeln wir, um nicht in Situationen von unkontrollierbarer Angst zu geraten. Und das kann unser Leben geradezu lähmen, wir verlieren an Lebensqualität, werden unflexibel, haben nur noch Fantasien der Befürchtung.

Wie kommt es eigentlich, dass man ein Leben lang

das Gefühl hat, Leben sei kontrollierbar? Einiges ist ja auch vorauszusehen, planbar – und dennoch: Auch diese Pläne können durchkreuzt werden. Sie werden vom Schicksal durchkreuzt, von den Mitmenschen, von politischen Situationen. Die wichtigsten Erfahrungen im Leben sind nicht kontrollierbar. Das Wichtigste im Leben ist unverfügbar – nicht nur im Alter. Das gilt für unsere Herkunft, das gilt für das Jetzt, das gilt für unsere Zukunft, das gilt weitgehend für Beziehungen. Wir wissen nicht, wie sie sich entwickeln werden. Worüber wir verfügen können, das ist nicht allzu viel, und deshalb natürlich besonders kostbar. Über die Folgen unseres Tuns verfügen wir auch nicht. Vieles in unserem Leben haben wir in bester Absicht gemacht, machen wir immer noch in bester Absicht – und die Folgen davon sind nicht immer so gut, wie wir es uns vorgestellt haben. Und: Wie oft ist etwas Zufall – es ist uns zugefallen, das Schicksal trifft uns oft als Zufall, als guter Zufall, als weniger guter. Aber diese Gedanken blenden wir aus und meinen, das Leben in weiten Teilen kontrollieren zu können – in allen Lebensaltern. Besonders das, was wir am meisten fürchten – der Verlust von Beziehungen, Krankheit, Tod –, ist nicht kontrollierbar. Wir müssen damit umgehen, es ist unumgänglich und weitgehend nicht kontrollierbar. Wollen wir vielleicht mit dem fast zwanghaften Kontrollieren unsere Angst vor dem Tod verdrängen? Denken wir insgeheim, dass wir dadurch den Tod vermeiden können?

Äußere Kontrolle – innere Kontrolle

Es ist, wie schon gesagt, eine Erfahrung im Älterwerden, dass vieles nicht mehr in der gleichen Weise kontrolliert werden kann wie in früheren Jahren: Eine Situation ist nicht mehr so schnell zu überblicken, weil man nicht mehr so gut sieht, nicht mehr so gut hört, weil man etwas langsamer geworden ist. Weniger kontrollieren, weil man nicht mehr kontrollieren kann oder nicht mehr in dem Maße, wie man es zuvor konnte – das macht unsicher, löst Angst aus, auch Beschämung: Das Leben könnte einem entgleiten, und das vor aller Augen. Weil man um die geringer werdende Kontrollfähigkeit weiß, wird vorgesorgt. Man hat ein Leben lang vorgesorgt, damit das Lebensnotwendigste erhalten bleibt, und die meisten haben sich auch unbemerkt dem Altern – und das beginnt ja schon früh – angepasst.

Baltes und Baltes[14] entwickelten ein Modell für eine erfolgreiche Anpassung an Veränderungen des Lebens, das auch ein Modell für gelingendes Altern ist: SOK. S meint dabei Selektion: Man wählt einige wenige Ziele in wichtigen Lebensbereichen aus, fragt sich, was wichtig ist für die Zukunft, setzt dabei nicht auf zu viele Pferde. Die Mittel, um dieses Ziel oder diese Ziele zu erreichen, werden optimiert (O): Man macht sich Gedanken, wie diese Ziele noch besser oder überhaupt erreicht werden können; als gut erkannte Strategien werden bewusst eingesetzt, wenn möglich noch verbessert und dann eingeübt. Man lernt noch einmal etwas dazu, und was das Erreichen des ausgewählten Ziels behindert, wird dadurch kompensiert (K). Meistens erlebt man dabei noch etwas Neues. Wer dieses SOK-Prinzip schon in jüngeren Jahren anwendet – und das machen viele ganz intuitiv –, lebt ständig mit dem Älterwerden und hat dieses Prinzip für die eigene Lebensgestaltung akzeptiert. Man lebt flexibel, ohne ein besonderes Augenmerk darauf zu richten. Man passt sich an das veränderte Leben an, hat wieder ein Ziel, das wichtig ist, eine Vision, hat aber auch einiges losgelassen, und die Ziele werden weniger, aber sie fehlen nicht. Wer sich aber krampfhaft bemüht, immer „der Alte" oder „die Alte" zu bleiben, verpasst diese Prozesse der geglückten Anpassung.

Es gibt aber nicht nur eine äußere Kontrolle, wie sie sich im SOK-Prinzip zeigt, es gibt auch eine innere Kontrolle, die im Umgang mit Emotionen und Wünschen deutlich wird. Äußere und innere Kontrolle haben einen Zusammenhang. Mittels der äußeren Kontrolle verändert man die Welt so, dass sie mit den eigenen Wünschen und Zielen übereinstimmt, oft kompensatorisch: Wenn das Gleichgewicht nicht mehr sicher aufrechterhalten werden kann, man sich aber trotzdem bewegen möchte, nimmt man sich Stöcke oder einen Rollator. Diese äußere Kontrolle beruhigt. Mit zunehmendem Alter kann sie jedoch nicht beliebig erweitert werden, deshalb wird die innere Kontrolle immer wichtiger: Ältere Menschen versuchen, sich selber so zu verändern, dass sie mit dem realen Leben so umgehen können, dass sie nicht ständig frustriert und enttäuscht werden. Das kann ein Aspekt des Wohlfühlparadoxons sein.

Die 86-Jährige verlangt von sich selber, dass sie ihre immer noch große Familie einlädt und für sie kocht. Sie bekommt dafür viel Anerkennung. Jetzt aber spürt sie, dass ihr der Aufwand zu groß wird, dass sie etwas verändern muss. Bevor sie äußerlich etwas verändert, muss sie mit sich selber zu Rate gehen: Kann sie auf die Anerkennung verzichten? Sie schämt sich ein wenig: Jetzt sehen die anderen, dass sie nicht mehr so fit ist. Eine Freundin sagt ihr, es sei doch selbstverständlich, dass sie in ihrem hohen Alter nicht mehr solche Einladungen geben könne. Diese Einsicht, die sie übernehmen kann, entlastet sie und lässt Raum für Überlegungen. Es ist keine Schande, es ist einfach das Alter. Vielleicht, so fällt ihr ein, könnte eine Enkelin das Kochen übernehmen, sie könnte dabeisitzen und allenfalls bei Unklarheiten helfen. Ein erreichbares Ziel.

Auch das Verändern der eigenen Erwartungen ist eine Form der inneren Kontrolle. So können etwa Erwartungen in einem wenig definierten Raum belassen werden, und damit entsteht Freiraum dafür, dass sie erfüllt oder eben auch nicht erfüllt werden. „Ich hoffe, dass mich gelegentlich jemand besucht." Gelegentlich von irgendjemandem besucht zu werden, das könnte doch wohl eintreffen. Aber mit Enttäuschungen rechnet man, wenn man so spricht – auch das hat man schon ein ganzes Leben lang gelernt: Es gibt Wünsche und es gibt Enttäuschungen. Und wenn man nicht enttäuscht werden will, darf man keine Wünsche zulassen. Und dann ist man vom Leben erst recht enttäuscht.

Grundsätzlich steht die innere Kontrolle im Zusammenhang mit dem Regulieren von Emotionen, dem bewussten Umgang mit Emotionen und Gefühlen, der Pflege der Emotionen, die man mit Gartenpflege gleichsetzen könnte. Man braucht diese Pflege, um nicht ständig enttäuscht oder gar verbittert zu sein, aber auch, um Pläne und die dafür vorhandenen Kräfte in eine Balance zu bringen, ohne dabei entwertend mit sich selber sein zu müssen.

Diese innere Kontrolle sieht Carstensen[15] vor allem in der Socioemotional Selectivity Theory (SST), einer Lebensspannentheorie der Emotion, die besagt, dass der Zeithorizont einen Einfluss auf die Motivation hat und dass ein verkürzter Zeithorizont bewirkt, dass man das anstrebt, was einem emotional wichtig erscheint und einen auch befriedigt. Dafür setzt man sich dann vermehrt ein, lässt anderes fahren. Wichtig sind den älteren Menschen vor allem Beziehungen, aber auch nicht alle, sondern solche, die nähren.

Emotionen und Gefühle als Möglichkeit der Orientierung

Das menschliche Leben ist von Anfang bis Ende von Emotionalität begleitet: im Wachen und im Träumen. Jede Erfahrung ist verknüpft mit Emotion; einschneidende Lebenserfahrungen, wie Krisen, gehen mit eindrücklichen Emotionen einher, mit denen Menschen umzugehen haben. In einer Krise muss man sich notwendigerweise mit Emotionen und Gefühlen auseinandersetzen – das ist auch die Chance, die in einer Krise steckt: Wandlung, Veränderung geschieht durch die Wahrnehmung und Veränderung von Emotionen und Gefühlen.

Emotionen sind evolutionär gestaltete Programme für Handlungen, ergänzt durch Kognitionen, Gedanken. Wir erleben sie vor allem als Vorgänge in unserem Körper, die sich in Bewegungen äußern, in der Körperhaltung, im Gesichtsausdruck. Sie lösen vielfältige Veränderungen in den inneren Organen aus,[16] verbunden mit entsprechenden Fantasien und Überlegungen. Die wahrgenommenen Emotionen nennen wir Gefühle; es ist die Wahrnehmung dessen, was in unserem Körper und in unserem Geist vorgeht, wenn wir Emotionen haben. Die Gefühle folgen den Emotionen, bringen den emotionalen Prozess zu einem wahrnehmbaren Ergebnis.

Emotionen und die wahrgenommenen Emotionen, die wir dann Gefühle nennen, gehören zur biologischen Grundausstattung des Menschen: Sie geben uns Orientierung, die aus unserem eigenen Erleben in der Auseinandersetzung mit anderen und mit der Welt stammt, um mit anderen Menschen, der Welt und sich selber, auch mit dem eigenen Körper, vernünftig umgehen zu können. So reagieren z.B. Menschen mit Angst, wenn sie sich von einer Gefahr ergriffen und in der Situation hilflos fühlen; mit Trauer, wenn sie etwas verlieren, was für sie einen Wert dargestellt hat; mit Ärger, wenn Mitmenschen die Grenzen nicht akzeptieren oder nicht akzeptieren, dass Ichgrenzen verschoben werden sollen. Alle Menschen, wenn sie gesund sind, interessieren sich für etwas, freuen sich, wenn etwa besser, schöner ist, als erwartet, wenn einem mehr zukommt, als zu erwarten war. Alle Menschen erleben diese Emotionen und die ihnen entsprechenden Gefühle, sie werden aber unterschiedlich ausgedrückt.

Der Ausdruck dieser Gefühle wird kulturell und familiär beeinflusst. So wird verschiedenen Völkern ein anderer Umgang mit Gefühlen zugeschrieben und die werden entsprechend charakterisiert: die „kühlen" Menschen aus dem Norden etwa, die „gefühlvolleren" aus dem Süden. Aber es gibt natürlich auch individuelle Unterschiede: Man spricht dann davon, dass die einen expressiver sind als andere. Auch geschlechtsspezifische Unterschiede waren oder sind noch auszumachen: So galt für Männer lange, dass sie die Emotionen zu „kontrollieren" haben, insbesondere etwa die Emotionen und die Gefühle der Freude und des Schmerzes, aber auch die der Scham, des Neides und andere. Diese Kontrolle lief dann letztlich auf eine Verdrängung hinaus. Unterdessen weiß man: Auch gut unter Kontrolle gehaltene

Emotionen wirken – mehr noch als geäußerte –, und sie erschweren die Orientierung in alltäglichen Beziehungen und das Wahrnehmen von sich selber, auch von eigenen körperlichen Reaktionen. Gelingt es uns, unsere Emotionen, die weitgehend unsere Handlungen steuern, bewusst als Gefühle wahrzunehmen, haben wir auch einen Hinweis darauf, wie wir uns selbst in einer Situation sehen und wie wir mit den entsprechenden Herausforderungen oder auch Schwierigkeiten umgehen könnten. Und gerade das scheinen ältere Menschen besser zu können, scheinen es im Laufe des Lebens gelernt zu haben.

Angst als Macht[17]

Spricht man von starken Emotionen, denkt man möglicherweise an die verschiedenen Formen von Verliebtheit und Liebe und damit verbunden an die heftigen Emotionen der Trauer, wenn die Liebe nicht erwidert wird, wenn sie erkaltet oder wenn man den geliebten Menschen verliert. Die Macht der Emotionen zeigt sich aber auch viel alltäglicher, zum Beispiel in Form der Angst.

Emotionen sind immer auch verbunden mit kognitiven Strukturen, mit Fantasien, im Zusammenhang mit Angst als Befürchtungsfantasien und Bedrohungsfantasien. Wir spüren nicht nur die Angst, wir sehen alle möglichen Gefahren, die auf uns zukommen könnten. Auch wenn Menschen behaupten, wenig Angst zu haben, ist leicht herauszufinden, was sie alles befürchten, wovon sie sich bedroht fühlen, im persönlichen Leben, aber auch im aktuellen gesellschaftlichen und politischen Leben. Über diese Fantasien wird gesprochen, darüber wird geschrieben, auch in der Presse, allerdings oft nicht dergestalt, dass die Angst fühlbar würde. So äußern viele Menschen Sorgen um ihre Gesundheit, darüber, was alles Schlimmes noch mit der Weltwirtschaft geschehen könnte, was an Beeinträchtigendem zu erwarten ist, aber die Angst ist nicht spürbar, obwohl sie untergründig diese Befürchtungsfantasien organisiert. Damit verliert die Angst aber ihre Funktion, nämlich zu zeigen, dass man sich von einer Gefahr ergriffen fühlt und Abhilfe schaffen muss. Eine gewisse Weltuntergangsstimmung macht sich breit, es wird nicht deutlich, wo die Gefahren, die natürlich bestehen, wirklich liegen und wo man möglicherweise Abhilfe schaffen kann, wie man diesen Gefahren begegnen kann. Die Welt wird durch die Befürchtungsfantasien zu einem Ort, wo man permanent bedroht ist, wo man umgeben ist von aggressiven Angreifern und Angreiferinnen – und das lähmt. Die Aggression, die man brauchen würde, um die gefährliche Situation anzugehen – ich meine wirklich Aggression und nicht Destruktion –, wird projiziert: auf die anderen, auf das, was anders ist, was nicht zu durchschauen ist, und das ist recht viel in dieser Welt. Begleitend legt sich ein Schleier von Ängstlichkeit und Lähmung über alles, der Mut zur Angst fehlt zunehmend, der Wille, sich zu wehren, wird geschwächt, man resigniert.

Lebensqualität trotz Angst

Nehmen wir die Beobachtung der Frau, die in einer flexiblen Haltung auf das Leben reagieren will: Sie wird nervös, wenn Neues auf sie zukommt. Einen Koffer zu packen für eine Reise ist ihr unangenehm: Was wird sie alles vergessen? Ihr Heißwasserboiler leckt: Was muss sie tun? Wen anrufen? Kann sie genau beschreiben, was das Problem ist? Wird sie verstanden? Fragen, die sie sich früher nie gestellt hätte. Da hatte sie angerufen, notfalls etwas zusammengestottert. Jetzt aber stresst sie dieser Anruf, er macht ihr im Vorhinein Angst, mehr als früher. Es stellt sich ihr die Frage, ob sie mit ihren Möglichkeiten, die sie jetzt hat, dieses Neue bewältigen kann.

Auch in jüngeren Jahren geraten wir in Stress, wenn wir mit Neuem konfrontiert werden, wir nehmen diesen Stress aber nur dann wahr, wenn er besonders stark ist. Und dieser Stress – oder diese Angst – bewirkt, dass wir Abhilfe schaffen, etwa indem wir Hilfe suchen. Meistens ist es schon hilfreich, spürend wahrzunehmen, dass man nervös wird, dass die Anforderungen des Lebens und unsere aktuellen Kompetenzen, damit umzugehen, im Moment in einem Ungleichgewicht sind. Oft genügt ein kleines Innehalten, ein sich Bestätigen, dass man jetzt „aufgeregt" ist, um sich zu beruhigen und herauszufinden, was denn jetzt gefragt ist und dazu entsprechende Strategien zu entwickeln.

„Ich werde nervöser als früher" – das entspricht den etwas geringer werdenden Kräften. Was braucht es, um damit umzugehen? Es braucht Empathie mit sich selbst, ein Verständnis der Nervosität auch als eine Anfrage, wie das Neue angegangen werden kann, die Fähigkeit, sich selber freundlich anzuschauen in dieser Situation, nicht kritisierend entwertend. Mitgefühl mit sich selber kann entwickelt werden: „Wie schwierig, dass du …" – und wir sprechen uns in einer solchen Situation mit „du" an – „… in dieser wichtigen Situation mit so viel Angst reagierst." Wir können die eigene Not so wahrnehmen, wie wir dies mit einer fremden Not tun: mitfühlend und dennoch auch mit einer gewissen Distanz und auf diese Weise nicht überwältigt vom Leid. Gerade die Empathie mit uns selbst würde also eine gewisse Distanz schaffen, die es ermöglicht, mit einem freundlichen Blick eine Beziehung zu sich selbst in dieser schwierigen Situation herzustellen. Ich betrachte mich, als wenn ich ein mir fremder Mensch wäre – und wie ich mit einem anderen Mitgefühl habe, habe ich es auch mit mir selbst, mit meinen Ängsten, mit meinen Freuden, mit meinem Kummer, und so wird das Selbstwertgefühl wieder besser und wir können flexibel mit dem Leben umgehen, mag das Boot auch schwanken.

Schon das Wissen darum, dass man eher „nervös" wird, wenn etwas Unverhofftes, Neues zu bewältigen ist, kann hilfreich sein und beruhigen. Es sind Konsequenzen daraus zu ziehen: Sich Zeit zu verschaffen, um sich mit der neuen Situation vertraut zu machen, ist das Wichtigste. Das bedeutet konkret, dass man nicht – wie von außen durchaus erwartet – sofort eine Antwort gibt, sondern sich Zeit ausbedingt, zum Nachdenken. Das ist auch schon in früheren Jahren eine gute Taktik: Nicht gleich ein Ansinnen, das überraschend kommt, am Telefon besprechen, sondern anbieten, zurückzurufen.

Das sich Austauschen über die Angst, die Teilhabe aneinander, die Kreativität, die sich aus dem Zusammenspiel von menschlichen Ideen durch den Dialog ergibt, ist außerordentlich hilfreich im Umgang mit der Angst. Diese Ressource kann man nur nutzen, wenn man die Ängste wahrnimmt und sie unaufgeregt miteinander teilt, nicht in dem Sinne, dass der Andere mich entängstigt, sich meiner Angst annimmt – das kann auch vorkommen, wenn der Andere die entsprechenden Kompetenzen hat –, sondern in dem Sinne, dass man miteinander die Verantwortung übernimmt.

Mit dem Altern sind viele Ängste verbunden. Der Umgang damit scheint mir ein doppelter zu sein: Entweder werden leichtfertig und nicht wirklich emotional Bedrohungsfantasien entwickelt und im Gespräch gehortet, oder man spricht sehr wenig über die Ängste, die da sind. Diese Bedrohungsfantasien, die wie Konserven wirken, verdecken wohl auch tiefere, existentielle Ängste. Es ist nicht notwendigerweise die Angst vor dem Tod, es sind mehr die Ängste vor den „kleinen Verlusten", etwa die Angst, noch vergesslicher zu werden oder Dinge, die einem lieb sind, nicht mehr tun zu können. Dabei ist man dann aber mit dem gegenwärtigen Lebensgefühl, der Energie, den Wünschen in einer Zeit in der Zukunft, in der man anders erleben und fühlen wird – so, wie man es sich im Moment noch gar nicht ausmalen kann, es aber ständig tut. Damit macht man sich unglücklich. Gewiss, der Tag wird kommen, an dem man die befürchtete Erfahrung machen wird, zum

Beispiel, einen geliebten Sport nicht mehr ausüben zu können – aber vielleicht ist das dann gar nicht so schwierig. Gerade im Zusammenhang mit Sport hat man schon viel Erfahrung mit „nicht mehr können" gemacht – etwa kein Windsurfing mehr –, der Übergang war gleitend, ein wenig Trauer und dann die Freude an denen, die es noch so wunderbar können.

Wir machen uns im Voraus zu viel Angst – und verdecken damit möglicherweise die Ängste, die anstehen, über die gesprochen, die man mit jemandem teilen können sollte, über die wirklich nachgedacht werden müsste. Denn so oder so: Angst zu haben bedeutet, sich von einer Gefahr ergriffen zu fühlen, es muss Abhilfe geschaffen werden, oft in Form einer Entwicklung, damit die innere Ruhe wieder hergestellt werden kann. Was ängstigt mich im Moment wirklich? Und wage ich es, darüber zu sprechen? In unserer Gesellschaft ist man nicht ängstlich, hat man keine definierten Ängste, oder man ist eben alt.

Sich auszutauschen über die Ängste ist wichtig – vielleicht kann man die Ängste teilen, etwa in den Gesprächen unter älteren Wissenschaftlerinnen, die sich darüber unterhalten, wie lange sie noch frei gesprochene Vorträge halten können, denn diese stellen doch große Ansprüche an das Funktionieren des Frischgedächtnisses. Und wohl alle, die diese Diskussion führen, wissen auch, dass gerade die Angst den Redefluss mehr blockieren könnte als etwa das Fehlen eines wichtigen Begriffs, was sich ja kreativ leicht ausbügeln lässt. Bei diesen Gesprächen äußert niemand den Gedanken, dass man eines Tages gar keine Lust mehr haben könnte, solche

Vorträge zu halten – nicht aus Angst vor dem großen Scheitern, sondern weil es einfach genug ist.

Die verborgenen Ängste zeigen sich nicht selten in den Träumen von älteren Menschen.

Der Traum eines 76-jährigen Mannes: „Ich spreche vor meiner politischen Gruppe, ganz normal. Das Thema weiß ich nicht mehr. Ich habe eine kraftvolle Stimme. Aber etwas stimmt nicht: Die versammelten Männer – ich glaube, es sind nur Männer – sprechen miteinander, lachen, prosten sich zu. Ich spreche lauter, aber das nützt gar nichts. Ich werde fuchsteufelswild. Darüber bin ich mit einer wahnsinnigen Wut aufgewacht!"

Über diese Wut spricht der Mann noch länger, er ist erstaunt darüber, dass man in einem Traum derart wütend sein kann. Er spricht über diese „ungehobelten Zuhörer", über deren fehlenden Anstand. Auf die Bemerkung, er sei doch so wütend, weil einige ihm nicht mehr zugehört hätten, wird er nachdenklich: Im Traum sind es nicht nur einige, sondern alle! Und er fügt an, das sei seine größte Angst, dass er rede, und niemand höre ihm mehr zu. Da würde er sich „zu Tode schämen". Hinter der Wut wurde nun die Angst erlebbar. Im Reden über diese Angst wird immer mehr deutlich, dass er gerade in dieser Gruppierung eigentlich „keinen Platz" mehr hat. Er habe gedacht, wenn man noch im Vollbesitz seiner Kräfte sei – das verbindet er mit seiner kräftigen Stimme –, dann habe man noch seinen Platz. Und dann spricht er davon, dass er in anderen Gruppierungen sich jetzt wohler fühlt, also wohl die entsprechenden Konsequenzen ziehen könnte. In seiner Auseinandersetzung mit dem Traum wurde ihm eine große Angst bewusst: nicht mehr gehört zu werden, keinen Platz mehr zu haben unter den Menschen. Er verstand den Traum aber nicht selbstwertmindernd – der Traum gab ihm ja auch noch eine kräftige Stimme –, sondern als Anreiz dazu herauszufinden, wo er denn mit seiner Stimme gehört wird. Und es fällt ihm auch gleich ein, wo dies noch der Fall ist. Also nicht nur der Verlust, sondern auch das, was bleibt.

Die Wut scheint zunächst die vordergründige Emotion in diesem Traum zu sein, aber hinter der Wut steckt die Angst. Eine ohnmächtige Angst wehren wir oft mit Ärger ab: Das ist wenigstens noch eine vitale Emotion, sie gibt uns den Eindruck, etwas verändern zu können, doch noch das eigene Leben bestimmen können, während die Angst uns lähmt. Ärger – und intensiver Ärger als Wut – erleben wir, wenn wir in unserer Selbsterhaltung und auch in unserer Selbstentfaltung beeinträchtigt werden. Wir fühlen uns in unserer Integrität verletzt, weil jemand über unsere Grenzen geht, uns angreift, verbal, körperlich oder aber uns nicht erlaubt, unsere Grenzen zu erweitern, etwas Neues zu beginnen.[18]

Das Gefühl des Ärgers macht uns darauf aufmerksam, dass jemand unsere Grenzen verletzt oder sie überhaupt nicht beachtet. In der Energie, die im Ärger steckt, liegt die Kraft, sich mit dieser Situation auseinanderzusetzen, sich zu wehren, für sich selber einzustehen, einen Konflikt zu riskieren, einen Streit mit dem Ziel, die Grenzen wieder für alle Beteiligten sichtbar zu machen und ihre Akzeptanz durchzusetzen. Ärger ist oft die direkte emotionale Antwort auf eine Verletzung des Selbstwertgefühls, zum Beispiel in Form des Nicht-respektiert-Werdens. Verbunden mit dem Ärger ist die Angst, das Selbstwertgefühl nicht wieder stabilisieren zu können, nicht als gleichwertiger Mensch akzeptiert zu werden, von anderen Menschen bestimmt zu werden.

Solange der Ärger im Vordergrund steht, glaubt der Mensch noch daran, die Situation verändern zu können. Nicht nur die Angst ist ein großes Thema beim Altern, sondern auch der Ärger. Grenzverletzungen – das beginnt mit den ungebetenen Ratschlägen und hört bei der Bestimmung auf, wie der alte Mensch zu leben hat. Das mag notwendig sein, aber mir scheint, die Umwelt reagiert oft etwas schnell und „übernimmt Verantwortung“, wohl auch, weil sie die eigene Unsicherheit angesichts eines alten Menschen nicht aushält. Oder: Was, wenn ein alter Mensch plötzlich noch etwas ganz Neues beginnen will? Wie reagieren da die Angehörigen? Immer noch Selbstentfaltung im Alter? Man kann auch über die eigenen Grenzen gehen, mehr von sich erwarten, als man noch leisten kann, und dann wird man selbst auch ärgerlich. Nur selten allerdings merken wir, dass wir auf uns selber ärgerlich sind, sondern wir suchen uns dann einen Grund in der Außenwelt, um unseren Ärger an irgendetwas festmachen zu können. Und der ganz alltägliche Ärger im zunehmenden Alter: Das Kleingedruckte überall, und dann noch in hellgrauer Schrift! Die Gebrauchsanweisungen! Die kleinen technischen Geräte, die feinmotorische Höchstansprüche stellen! Wer sich allerdings ständig ärgert, müsste sich neu in seinen Grenzen einrichten. Wer bin ich jetzt?

Was kann ich noch? Wie kann ich meiner Integrität sicher sein?

Die Wut im Traum, weil niemand mehr zuhören will, weil für diese Gruppe der Träumer nichts mehr zu sagen hat, ist vordergründig eine Wut, dass ihm der Respekt versagt wird. Alle Menschen haben Anrecht auf Respekt und reagieren mit Ärger und auch unterschwelliger Angst, wenn dieser ihnen versagt wird. Das Besprechen des Traumes bringt eine Grenze zum Bewusstsein: Es gibt Gruppierungen, für die das, was er zu sagen hat, nicht mehr relevant sein könnte. Das mag nur eine Angst sein, und der Traum würde dann seine Befürchtungsfantasie ausdrücken, die Art aber, wie der Träumer dann weiterspricht, zeigt, dass er auswählen kann, aber auch auswählen muss: In anderen Gruppierungen als gerade in dieser politischen Gruppierung, in der er nichts mehr zu sagen hat, fühlt er sich wohler, da hat er wohl noch etwas zu sagen, da hört man ihm zu.

Die Angst kann sich in den Träumen ganz unterschiedlich zeigen. Eine Frau, 80, träumt:

„Ich muss zu einem Vorstellungsgespräch gehen – die Zeit ist schon knapp. Ich verpasse den ersten Bus, weil ich nicht rasch rennen kann, dann aber auch den zweiten. Ich weiß nicht warum – jetzt ist es eh zu spät – und ich stelle auch fest, dass ich nicht frisiert und überhaupt nicht schön angezogen bin. Jemand soll mir helfen, aber niemand hilft mir, ich bin ganz aufgelöst.“

Im Traum fühlte sie sich vor allem gestresst, ängstlich, und dann erlebte sie Scham: Sie ist nicht frisiert, nicht schön angezogen. Und niemand hilft. Die Träumerin ist eine Frau, die im Alltag sehr auf ihr Äußeres achtet, sich selber mit kritischen Augen sieht. „Was könnten die anderen denken?", ist eine Überlegung, die sie sich sehr oft macht. Ihre Angst ist es, mit zunehmendem Alter nicht mehr so ansehnlich zu sein. „Ich versuche ja noch immer, möglichst perfekt auszusehen." Das Leben wird immer noch gesehen als Vorstellungsgespräch, jede Begegnung als Vorstellungsgespräch.

Die Angst, sich schämen zu müssen, ist eine große Angst im Alter. Wenn wir uns schämen, stellen wir uns vor, dass andere Menschen uns mit sehr kritischen, unfreundlichen Augen betrachten und uns unseren Selbstwert absprechen. Unser Selbstwertgefühl zerbröselt unter dem kritischen Blick, den wir den anderen Menschen zuschreiben. Wie diese Frau versuchen Menschen, die eine Schamproblematik in ihrem Leben haben, perfekt zu sein – dann kann niemand etwas sehen, was nicht in Ordnung ist. Das ist aber anstrengend, man ist dann ständig auf dem Präsentierteller wie bei einem Vorstellungsgespräch, wie dieser Traum zeigt. Gerade diese Perfektion geht aber im höheren Alter zunehmend verloren, man muss sich damit einverstanden erklären, dass man immer weniger perfekt ist. Zum einen gibt es viele Situationen der Scham, wenn man von sich selber verlangt, immer noch jung zu sein, zum anderen aber besteht dadurch, dass Perfektion nicht mehr möglich ist, dass man aufhört, sich ständig mit den kritischen Augen der anderen zu sehen, die Chance, sich selber neu kennenzulernen: Wie bin ich wirklich, was fühle ich wirklich, wie möchte ich mich wirklich kleiden im Moment? Was möchte die Frau wirklich: Will sie wie im Traum jemanden haben, der ihr hilft, sich zu frisieren, also die alten Zustände des perfekten Aussehens wiederherzustellen, oder braucht sie einfach jemanden, der ihre Überforderung sieht? „Es war einfach niemand da", sagt sie dazu und fügt an, sie sei eh nicht gut darin, um Hilfe zu bitten. Noch ein Schamthema: um Hilfe bitten zu müssen?

Schamangst

Autonom zu sein, selbstständig zu sein, sich kontrollieren zu können – das sind wichtige Errungenschaften im Leben. Im Alter droht, einiges davon zu verlieren – und das beschämt. Körperlich: Nicht mehr ganz so ordentlich essen zu können, wie man es einmal gekonnt hat. Nicht wahrzunehmen, dass der schönste Anzug Flecken hat – eben vom letzten Festessen. Man vergisst im Restaurant zu bezahlen. Man wird sichtbar mit den Seiten, die man vor anderen, manchmal auch vor sich, verbergen wollte. Auch psychisch: Es sind manchmal liebenswerte, harmlose Seiten, manchmal aber auch weniger angenehme, etwa gierige Seiten: Die Rechnung, die nicht bezahlt wurde, ist das Vergesslichkeit – auch schon schlimm genug – oder uneingestandene Gier? Wir werden mit unserem Schatten sichtbar: So sind wir auch – menschlich. Für die meisten wird es sehr schwierig, wenn sie ihre Ausscheidungen nicht mehr kontrollieren können – ein großes Schamthema.

Die jüngeren Mitmenschen betrachten die Älteren

vielleicht gar nicht mit so kritischen Augen, wie die es sich vorstellen. In der Vorstellung, dass die Jüngeren mit kritischem Blick auf die Zeichen von nachlassender Kontrolle im Alter reagieren, geben die Älteren zu erkennen, dass sie das Altern als etwas Beschämendes empfinden, etwas, das nicht so sein sollte, das falsch ist. Es ist aber so – und das zu akzeptieren, ist Akzeptanz des Alterns. Es mag ja sein, dass eine Gesellschaft im Jugendwahn wirklich die Tendenz hat, überkritisch auf Zeichen des Alterns zu achten. Aber es ist auch an den Alten, sich von Resten dieses Jugendwahns zu befreien, wenn es sie denn noch gibt. Es ist ja gerade das Wesen des alternden Körpers, dass vieles nicht mehr kontrolliert werden kann, dass er eben nicht mehr „funktioniert", wie er früher funktioniert hat. Dafür kann niemand etwas, das ist das Wesen der menschlichen Natur. Und diesen Prozess des Schwächerwerdens müsste man mit freundlichen Augen betrachten, bei sich selbst und auch bei anderen. Auch das ist eine Lösung bei einer Schamthematik: Die Mitmenschen schauen uns ja nicht nur kritisch an, sondern auch freundlich, mitfühlend, akzeptierend.

Menschen werden im Alter gebrechlicher, und das hat Folgen. Das tut weh – jedem und jeder. Menschen leiden, erleben Schmerzen. Emmanuel Levinas, der litauisch-französische Philosoph, beschreibt es so: „Die ganze Schärfe des Leidens liegt in der Unmöglichkeit zu fliehen"[19], und das bedeutet, dass wir mit uns selbst konfrontiert werden, mit unseren Gefühlen angesichts des Alterns, der Endlichkeit, der Unberechenbarkeit des Lebens und der Welt, der Zufälligkeit, der eigenen Grenzen in vielfältiger Hinsicht: unserer Endlichkeit, unserer Gewöhnlichkeit, unserer Verletzlichkeit, unserer Hilflosigkeit. Vor diesem Leiden an der Endlichkeit kann man nicht mehr fliehen. Aber wenn kein Weg mehr sichtbar ist, beginnen neue Wege. Das „Scheitern" – auch das Scheitern an unseren Vorstellungen von uns selbst und unserem Altern – macht uns frei für neue Wege der Selbsterfahrung, das Akzeptieren des Scheiterns, das sich selbst Wiedererkennen, das Kennenlernen der eigenen verletzlichen Seiten und Erfahrungen, das freundlich empathische Umfangen der Gebrechlichkeit, und dies heißt, sie zu akzeptieren und damit umzugehen – in unserer eigenen Weise. Besser geht das, wenn man freundliche Beziehungen zu Mitmenschen hat, so dass man sich auch Trost und Hilfe holen kann, sich austauschen kann mit anderen, so dass man sich auch wieder positiven Erfahrungen zuwenden kann. Das Leben kennt nicht nur das Scheitern, sondern damit verbunden auch immer wieder den Neubeginn, der sich in ganz besonderen Wegen zeigt, die uns auch in unserer Altersidentität ausmachen.

Zu altern heißt nicht notwendigerweise zu scheitern, aber in dieser Lebensphase wird man immer wieder an eigenen Ansprüchen scheitern, muss man an ihnen scheitern. Täten wir das nicht, würden wir uns selber auch nicht mehr fordern. Es geht darum, das Scheitern gelassen zu akzeptieren, verbunden mit einer gewissen Trauer, und sich neu wieder auf das einzurichten, was geht, was wichtig ist und was bleibt. So neu ist diese Dynamik nicht: Auch in jüngeren Jahren hat man Pläne, an denen man scheitert, ist traurig oder wütend, richtet sich, wenn man nicht depressiv wird, auf neue Pläne ein, die angemessener sind. Nur hat man in jüngeren Jahren die Überzeugung, man hätte noch ein großes Spektrum an Möglichkeiten oder man sei bloß gescheitert, weil man übersehen habe, dass im Moment auch in der Außenwelt nicht der richtige Zeitpunkt für die Realisierung gekommen sei. Oder man glaubt, dass man vielleicht eine Persönlichkeitskomponente zu wenig in Betracht gezogen habe, dass man sich etwa für einen zähen Kämpfer gehalten habe, obwohl man doch eigentlich eher ein sprühender Produzent von Ideen sei.

Die Chance, die im Scheitern liegt, besteht darin, dass wir unser Leben besser mit unseren emotionalen und kognitiven Möglichkeiten, aber auch mit dem Handeln unter den aktuellen Gegebenheiten in der Welt in Übereinstimmung bringen, dass wir, auch in dem, was wir planen und was wir tun, mehr bei uns selbst sind, mehr von dem realisieren, was wirklich zu uns gehört. Darum geht es im Alter, auch wenn das Scheitern – weil viel alltäglicher, banaler – weniger leicht zu beschönigen ist: Es geht um Verluste und darum, wie man trotzdem auch noch die Gewinne sehen kann, und das Scheitern bringt uns besser wieder in Übereinstimmung mit unseren Möglichkeiten sowie den Gegebenheiten der Umwelt und der Mitwelt, die zu akzeptieren sind. Der freundliche, empathische – und doch wissende, genaue – Blick aufs Scheitern ist gefragt.

Ein Mann, über 80, wohnt seit dem Tod seiner Frau vor zwölf Jahren sehr zurückgezogen in der gemeinsamen Wohnung. Er hat kaum Kontakt zu seinen Kindern und Enkeln, geht sie ab und zu besuchen. Nun soll die Wohnung renoviert werden. Er wehrt sich dagegen, doch alles nützt nichts. Er hat dann eine emotionale Krise, wird zum Arzt gebracht, bekommt in der Folge eine Krisenintervention. Er schämt sich zutiefst, dass ihm diese „Entgleisung" zugestoßen ist. Er sei doch ein kontrollierter Mensch und noch im Vollbesitz seiner geistigen Kräfte. Und jetzt das! Aber was war der Grund für seine Krise? So nach und nach erzählt er, dass er die Wohnung noch genauso belassen habe, wie sie beim Tod seiner Frau gewesen sei. So habe er das Gefühl, nicht verlassen worden zu sein. Im Laufe der Jahre sei alles ein wenig schmutzig geworden, deshalb habe er auch niemanden mehr zu sich selber einladen können. Die Angebote seiner Kinder, ihm zu helfen oder eine Raumpflegerin zu organisieren, habe er immer zurückgewiesen. Die Kinder habe er immer auf halber Distanz an einem schönen Ort getroffen. Und jetzt liege alles vor den Augen der Welt – seine ganze Schande. Er stellt sich vor, dass er verachtet wird, entmündigt werden könnte – faktisch bekommt er Unterstützung. Seine Kinder helfen ihm, eine neue Wohnung zu finden. Sie ordnen mit ihm die „Sachen" seiner Frau: Was will er behalten, was nicht? In einer kurzen Psychotherapie wird ein Teil des Trauerns nachgeholt, er erzählt, er sei eigentlich ein geselliger Mensch gewesen, und findet Wege, sich mit anderen Menschen zu treffen, entwickelt auch Pläne, wie er mit drei älteren Männern, mit denen er sich immer wieder einmal trifft, etwas Sinnvolles machen könnte.

Humor

Angesichts von beschämenden, peinlichen Situationen hilft in der Regel der Humor. Und den braucht man mit zunehmendem Alter immer noch mehr.

Mit Humor gelingt es uns, Situationen, die eigentlich beschämend sein könnten, unter einem neuen Gesichtswinkel zu sehen, und das besonders bei Unzulänglichkeiten, Schwächen, bei etwas, das wir einmal gekonnt haben, eigentlich können sollten und es nicht mehr können. Da kann man sich zerfleischen oder aber die Unzulänglichkeiten liebevoll wahrnehmen, verstehen, verzeihen, bei sich selbst und bei anderen. Auch Unzulänglichkeiten sind liebenswert und interessant. Ihnen ist mit Humor zu begegnen. Statt sich zu schämen, kann man dann lachen, eine in sich spannungsvolle Situation ist dann aufgelöst.

Der 98-jährige Jubilar beim Festessen ihm zu Ehren, isst mit Freude, etwas überhastet und ohne große Rücksicht auf Tischsitten. Und dann muss er niesen, und was er im Munde hatte, und das war nicht wenig, ergießt sich über den Tisch hin, und über die, die halt gerade in der Nähe saßen. Aufschrecken, betretenes Schweigen zunächst, dann große Aktivität! Da sagt der Jubilar: „Schaut her, was ich wieder angerichtet habe, ich bin halt schon immer ein ‚Saubuebli' gewesen"! Er lacht aus vollem Hals, und alle stimmen in das Lachen ein. Die peinliche Situation ist entspannt, man macht sich daran, einigermaßen wieder Ordnung auf dem Tisch herzustellen. Das „Saubuebli", ein Kosewort für einen Buben, der gerne „saut", aber auch ein Schlingel ist, in der

Verkleinerungsform gebraucht, nimmt der peinlichen Situation die Schärfe, lässt an einen kleinen Buben denken, einen Schlingel – und offenbar sieht er es selber auch so. So zu reagieren in einer an sich beschämenden Situation, ist eine schöpferische Leistung.

Humor ist eine subjektive Fähigkeit, eine Situation schlagartig unter einem ganz anderen Blickwinkel zu sehen und zu benennen, so dass die Aufmerksamkeit auf etwas anderes als das Peinliche fällt. Die Situation als Ganzes ist nicht verändert, aber sie wird anders, liebevoller, verständnisvoller gesehen. Meistens etwas schräg zur gewöhnlichen Wahrnehmung, wird im Humor eine Sicht möglich, die überrascht, die man vorher nicht hatte. Die Umdeutung einer Situation, der Hinweis auf das Groteske, Quere, erregt Heiterkeit, es wird gelacht, die Spannung löst sich auf. Gutmütiger, warmer Humor, verbunden mit einem „unschuldigen Lachen", nicht etwa mit Schadenfreude, stammt aus einer liebevollen Beziehung zu sich selbst. Der Jubilar rettet sich, sein Selbstwertgefühl, ja sogar seine Feier mit seinem Humor. Außenstehende, die an der peinlichen Situation beteiligt sind, können mitlachen, oder lachen sogar zuerst, so dass die Komik im Lachen wirklich erlebbar wird und dass der Mensch, der seine Situation mit Komik gerettet hat, auch wirklich mitlachen kann, sich nicht schämen muss.

Im Humor zeigt sich die schöpferische Fähigkeit der Menschen. Humorvoll sein zu können, ist auch eine potentiell kreative Einstellung zum Leben, eine Einstellung, die das Leben liebt, trotz aller Einschränkungen, eine Einstellung, die die Veränderung liebt. Einen Sinn für Humor zu haben, ist die Fähigkeit, etwas eher Peinliches auch als komisch wahrnehmen zu können: Es geht dabei um den Sinn für das Widersprüchliche und die Fähigkeit, aus diesem Widerspruch heraus etwas Neues zu gestalten oder die an der Situation Mitbeteiligten dazu zu bringen, die Situation neu zu sehen, kreativ zu werden, ohne dass sie es wissen.

Der Humor, diese kreative Wendung, hat vor allem dort ihren Platz, wo wir leicht ins Schämen kommen oder fürchten, beschämt zu werden. Mit Humor schrammen wir an der Grenze zum Schamerleben entlang. Humor brauchen wir auch, um uns selber gut zu ertragen, je älter wir sind, desto mehr. Wir benehmen uns einfach nicht immer so, wie wir es von uns eigentlich erwarten. Aber viel öfter brauchen wir Humor im Umgang mit uns selbst, wenn wir mit anderen Menschen zusammen sind, wenn wir uns und unsere Unzulänglichkeiten mit den Augen der anderen sehen. Schämen wir uns, geht dem voraus, dass wir uns plötzlich bloßgestellt fühlen oder uns selber bloßstellen. Gegen den eigenen Willen kommt etwas ans Licht, das wir verborgen halten wollten, sei es, weil es etwas Schattenhaftes[20] ist, etwas in unserer Sicht Unstatthaftes, Schlechtes, oder weil es im Gegenteil etwas besonders Kostbares, Schönes ist, was nicht gesehen werden darf, damit es nicht zerstört wird, etwas, das nur für uns selber gedacht ist, was mit dem Kern unserer Persönlichkeit zusammenhängen mag. Als beschämter Mensch möchten wir im Boden versinken oder auf einem anderen Planeten sein, wenn etwas gesehen wird, das wir verbergen wollen – und im Alter sind dies wohl Situationen der Beeinträchtigung. Beides wird dann erlebt: die Not, aber auch die Fähigkeit, diese Not noch als menschliche Möglichkeit, über die man auch schmunzeln kann, zu erfahren. Der freundliche Humor schützt uns vor der Überforderung, immer noch behaupten zu müssen, dass sich nichts verändert hat, dass alles noch genauso ist wie früher! Welche Verschwendung des höheren Alters!

Im Humor werden Ernst und Freude, Weinen und Lachen miteinander verbunden. In der humorvollen Interaktion werden negative und positive Gefühle zusammen erlebt und in positive umgewandelt. Hat man mit Humor eine Klippe umschifft, ist man meistens auch recht stolz etwa auf die „Schlagfertigkeit", auf die Einfälle, die man hat, eben auf die Kreativität. Statt sich zu schämen, hat man sich selber wieder zu einem guten Selbstwertgefühl verholfen. Man kann die eigenen Unzulänglichkeiten und Schwächen sehen, sie aber relativieren, liebevoll verstehen, verzeihen, bei sich und bei anderen. Menschliche Torheiten und Lächerlichkeiten sind auch liebenswert. Dafür darf man sich selbst aber nicht zu ernst nehmen und muss schattenhafte Aspekte freundlich empathisch akzeptieren, auch wenn man es lieber anders hätte.

Freude

Auch wenn es wichtig ist, sich den Ängsten vor all den Verlusten im zunehmenden Alter – wenn sie sich denn zeigen – zu stellen, es sollte auch nicht übertrieben werden: Es gibt nicht nur die Angst, es gibt auch andere Emotionen und Gefühle im Alter. Der freundlich-empathische Blick, auf sich selbst und auch auf die anderen, hilft, mit Schwierigkeiten, Unzulänglichkeiten umzugehen – in allen Lebensphasen, besonders aber im Alter. Da brauchen wir ihn ganz besonders, da ist er besonders hilfreich.

Der freundliche Blick – im Gegensatz zum verurteilenden Blick – ist mit den positiven Emotionen, den gehobenen Emotionen und Gefühlen, verbunden. Dazu zählen wir unter anderem Freude, Interesse, Neugier, Überraschung, Inspiration, Hoffnung. „Gehoben" nennt man diese Emotionen auch, weil sie unsere Stimmung heben, uns eine gewisse Leichtigkeit geben. Jede dieser Emotionen hat dennoch ihre eigene Dynamik.

Freude ist das Gefühl, das wir haben, wenn wir mehr bekommen als gedacht, wenn etwas besser ist als erwartet, schöner als gedacht. Wir können von einer solchen Situation geradezu überrascht werden: von der Schönheit einer Landschaft, eines Menschen, einer Begegnung, eines Gedankens, und wir werden von einem Gefühl der Freude oder der Heiterkeit gepackt. Wir fühlen uns beschenkt – vielleicht sind wir auch dankbar. Wir erleben uns und die Welt im Modus des Bekommens: Wir bekommen etwas – oft sogar ohne unser Zutun – und freuen uns darüber. Wir müssen nichts hergeben, wir bekommen etwas. Wenn wir uns freuen, dann haben wir ein Gefühl der Leichtigkeit. Der Ausdruck der Freude ist mit Höhe und Weite verbunden, die Mundwinkel gehen in die Höhe, wenn wir uns freuen, Augen strahlen, Bewegungen werden leicht, man möchte hüpfen, es wird uns warm ums Herz.[21]

Wenn wir uns freuen, haben wir ein fraglos gutes Selbstwertgefühl, ohne dass wir uns um dieses kümmern: Wir *sind* einfach, und es ist gut so. Wir sind einverstanden mit uns selbst und mit der Mitwelt, verbunden mit Menschen, oft auch mit Natur und Kultur. In der Freude fühlen wir uns anderen Menschen näher, verbundener, sind solidarischer, auch unkritischer. Wir schauen einander mit freundlichen Augen an, wir schauen auch uns selber mit freundlichen Augen an. Das Erleben von Freude, manchmal auch verbunden mit freudigem Stolz, ist eine wunderbare Ressource. Darauf weisen auch verschiedene Studien hin.[22]

Woher nun aber diese Emotion nehmen, wenn das Leben gerade so düster ist? Es gibt viele Situationen, die Freude auslösen; das Problem liegt eher darin, dass wir über die Freude hinweggehen. Ärger kann man nicht so leicht wegschieben, Freude schon. Es gilt also, das Gefühl der Freude wahrzunehmen, wenn es sich ereignet. Dieses Gefühl kann auch immer wieder neu erinnert werden, freudige Situationen können erzählt werden und lösen dann noch einmal Freude aus. Wir können uns an freudige Situationen aus dem eigenen Leben erinnern, etwa an die Freude, die wir als Kind an einem heißen Tag am Wasser erlebt haben, aber auch an spätere Freuden. Darauf werde ich im Zusammenhang mit der Erinnerung noch einmal zurückkommen. Freude erleben wir auch, wenn wir etwas nachgehen können, das uns interessiert. Neugierig sind alle Säugetiere, also auch die Menschen. Neugier ist ein Ausdruck der Lebendigkeit – wir suchen nach etwas, das für uns neu ist, uns freudig erregt, vielleicht Vorfreude auslöst, ein Mehr an Lebendigkeit verspricht.

Vorfreude

Die Vorfreude ist eine ganz besondere Freude. Vorfreude lebt in der Zukunft und damit auch in der Vorstellung, sie lebt auch *von* der Zukunft. Und so ist sie anders als die „normale“ Freude, die in einer bestimmten Situation aufbricht und aufleuchtet, in dem jeweiligen Moment wahrgenommen werden muss und die wir dann in der Erinnerung immer wieder neu wiederbeleben können. Die Vorfreude stammt aus einer Imagination, sie wird genährt aus Sehnsüchten, Wünschen, Erwartungen, allenfalls etwas gedämpft durch schlechte Erfahrungen. In der Vorfreude sind wir im Erleben der Fantasie bereits dort, wo eine Erwartung erfüllt wird. Den Anlass, der Freude auslösen wird, stellen wir uns als fast sicher eintretend vor oder fantasieren ihn auch richtig herbei.

Die Vorfreude tritt dann ein, wenn wir fast sicher sind, dass sich unser dringendster Wunsch, unsere Sehnsucht, unsere Erwartung erfüllen wird. In der Vorwegnahme von einem Ereignis, von dem wir uns große Freude versprechen, haben wir viele Freiheitsgrade. Wir können uns ein künftiges Ereignis gerade so ausmalen, dass es uns große Freude machen wird. Damit kann die Vorfreude allerdings auch zu einer Quelle großer Enttäuschung werden. Tritt das Erwartete nämlich nicht ein oder anders, als man es sich vorgestellt hat – und das ist meistens so –, dann sind wir enttäuscht, wir empfinden Scham- oder Schuldgefühle, auch Gefühle der Trauer, denn wir haben etwas verloren, was unserem Leben eine Richtung und einen Inhalt gegeben hat, auch wenn es noch nicht realisiert worden ist. Eine unerfüllte Erwartung müsste betrauert werden.

Die Vorfreude ist für Menschen dennoch sehr wichtig: In ihr kommt eine Sehnsucht zum Tragen, die uns aus dem Alltag heraushebt, beschwingt, befeuert, ermutigt.

In der Vorfreude nehmen wir eine Situation im Leben, oft auch eine soziale Situation, vorweg, die wir uns weitgehend nach unseren Wünschen und Bedürfnissen vorgestellt haben. An der konkreten Situation wirken dann aber alle Beteiligten mit. In der Vorfreude, die zum Beispiel vom Emotionstheoretiker Izard[23] als „magische Freude" bezeichnet wird, haben wir die Tendenz, die Realität der Mitspieler etwas zu vergessen. Das hat den Vorteil, dass uns bewusst wird, was uns wirklich eine große Freude machen würde, es lässt uns unsere wirklichen Wünsche und Sehnsüchte, aber auch unsere Erwartungen erkennen.

Gelegentlich wird es als weise bezeichnet, die Vorfreude zu kontrollieren, sie nicht zu groß werden zu lassen. Damit will man einer möglichen Enttäuschung zuvorkommen. Die Enttäuschung wäre dann – wie schon gesagt – allerdings nicht so groß, wäre es uns klar, dass die Vorfreude für sich allein gesehen werden muss, ungeachtet dessen, ob eintrifft, was man sich ausgemalt hat oder nicht. Die Vorfreude jedenfalls kann uns niemand nehmen – sie kann aber auch, falls wirklich etwas wesentlich besser als erwartet ausgeht, nicht nachgeholt werden.

Die Vorfreude ist eine mutige Freude, auch sie ist getragen von der Hoffnung auf ein gutes Schicksal oder zumindest vom Vertrauen in die eigene Fähigkeit, auch mit Enttäuschungen kompetent umgehen zu können.

Interesse[24]

Die Vorfreude lebt von unserer Vorstellungskraft: Wir stellen uns die künftigen Ereignisse so vor, dass sie uns mit großer Freude erfüllen werden. Das gilt für reale Begebenheiten, etwa für einen Theaterbesuch, es gilt aber auch für das Eröffnen von inneren Spielräumen. Dazu hat die Emotion Neugier eine Türöffnerfunktion: Es kann etwas gefunden werden, das dann – nachhaltiger – Interesse hervorruft und bewirkt, so dass wir uns mit etwas intensiv beschäftigen, das uns für unser Leben bedeutsam erscheint, Freude auslöst. Die Neugier eröffnet uns Spielräume, in denen wir etwas erproben können, uns ausprobieren können. Und wenn wir uns wirklich für etwas interessieren, wenn uns das Interesse packt, dann gehen wir diesem Interesse nach. Wenn wir uns interessieren, dann sind wir ganz bei der „Sache", von der aus das Interesse ausgeht, wir sind aber auch ganz bei uns selbst. Das Interesse hat uns gepackt, bedeutet etwas für uns, hat etwas mit unserer Persönlichkeit, mit unserem Innenleben zu tun.

Ein nachhaltiges Interesse erfordert Gestaltung in

irgendeiner Form: Wer sich für geschichtliche Zusammenhänge interessiert, wird lesen, sich Notizen machen, vielleicht einen Essay schreiben, wird Zusammenhänge erforschen. Während wir das, was unser Interesse hervorgerufen hat, gestalten, gestalten wir auch uns selbst, beantworten wir, ohne dass uns das bewusst sein muss, Fragen, die für unser Leben, unsere Identität und unsere Entwicklung anstehen. Im interessierten Arbeiten sind wir bei uns selbst, aber verbunden mit der Welt, und zwar in einem Prozess, bei dem Außenwelt und Innenwelt einander wechselseitig befruchten – und das sich interessierende und entsprechend gestaltende Ich ist Urheberin dessen, was aus dieser Befruchtung entsteht – es ist eben kreativ. Fragt man Menschen, wie sie sich fühlen, wenn sie ihren Interessen nachgehen, sprechen sie von „ganz bei sich sein", von Freude, von Inspiration, von einem intensiven Lebensgefühl, das glücklich macht. Vor allem von älteren Menschen wird betont, jetzt habe man endlich etwas mehr Zeit für die Interessen – offenbar immer noch nicht genug –, auch Zeit dafür, einmal einfach einem Nebengeleise zu folgen, aus Freude und Neugier, weil es anrege. Das ist Explorationsverhalten, das ist ein Verhalten, das Neues wissen will, Anregung sucht, neue Wege ermöglicht.

Und wie kommt man zu den Interessen? Auch das Interesse und die Neugier als die Emotion, die dem Interesse vorangeht und das Interesse auslöst, sind biologisch im Menschen angelegt. Wir haben Interessen, auch wenn sie manchmal etwas verschüttet zu sein scheinen, von depressiven Stimmungen zugedeckt. Panksepp, der sich mit der affektiven Neurowissenschaft beschäftigt, sieht zum Beispiel in der Depression ein zu wenig aktives „Seeking System".[25] Unter dem Seeking System, dem Suchsystem, versteht er die Kombination von tiefem Interesse, engagierter Neugier, Freude und nachhaltiger Antizipation,[26] und das ist gleichbedeutend mit der Lust, das, was neugierig macht, auch zu explorieren. Und mit der Belebung dieses Suchsystems, das er auch als ein System gegen die Verlassenheitsangst versteht, könnte man sowohl gegen die Depression angehen als auch gegen die Trennungsangst.[27] Dieses Suchsystem kann belebt werden. Lassen wir uns nicht einreden, ältere Menschen hätten nur noch handfeste Interessen, würden sich aber darüber hinaus für nichts mehr interessieren! Manche haben sehr wohl ihre Interessen, die sie schon ein Leben lang gepflegt haben – etwa das Interesse an künstlerischen Gestaltungen –, die sie jetzt aber noch einmal neu und anders pflegen.

Eine 84-jährige Frau sagt, sie habe sich immer in Kunstmuseen sehr wohl gefühlt und sei schon eine Kennerin. Jetzt aber, wo sie nicht mehr so gut gehen könne, wähle sie sich zwei, drei Bilder aus, schaue sie ganz genau an und frage sich, was dieses Bild in ihr auslöse an Gefühlen und Gedanken. Das schreibe sie sofort auf, skizziere auch das Bild dazu, um es zu Hause noch einmal zu bedenken. Manchmal finde sie auch noch Information dazu im Internet. Manchmal übermale sie dann die Skizzen nach ihrer Vorstellung, zeige sie aber niemandem. Was ihr das bringe? Wesentlich mehr als das Konsumieren von Kunst in den früheren Jahren, jetzt habe sie das Gefühl, mit den Bildern, und auch ein wenig mit den Künstlern, wirklich verbunden zu sein! Die Frau tritt jetzt sehr bewusst in Resonanz zu den Bildern und wird dadurch belebt, versteht aber auch von den Werken mehr als früher. Ausgelöst wurde dieses tiefe, sie befriedigende Interesse, dieser neue Umgang mit den Bildern dadurch, dass sie nicht mehr so gut gehen kann: Die Beschränkung des äußeren Radius ermöglicht bei ihr die Erweiterung des inneren Radius.

Andere haben im Alter Interessen, für die sie während ihrer aktiven Berufs- und Familienzeit keine Zeit hatten.

So erinnert sich ein 70-Jähriger bei einem Seminar zum Lebensrückblick, dass er in seiner Adoleszenz, so als 18-Jähriger, eine große Freude an Musik hatte, nicht einfach daran, Musik zu hören – das auch –, sondern daran herauszufinden, wie denn diese Musik komponiert worden sei, „wie sie geht". Das faszinierte ihn. In der Erinnerung wieder mit diesem Interesse verbunden, nimmt er sich vor, sich sofort wieder in dieser, oder vielleicht auch noch in einer anderen Art, mit Musik zu befassen. Und sofort fühlt er sich wieder angesprochen, sein Plan erregt ihn, belebt ihn.

Gehen wir auf die Spurensuche nach unseren Interessen, werden wir oft in der Jugend, vor allem in der Adoleszenz fündig. Auf diese Interessen können wir uns im späteren Alter wieder beziehen, auf sie zurückkommen und zu einem Abschluss bringen.

Erlauben wir es uns, unseren Interessen nachzugehen, freuen wir uns. Wenn wir uns überlegen, woran wir uns aktuell erfreuen, werden wir sehen, dass diese

Freuden auch mit spezifischen Interessen verbunden sind. Der Vorteil des Alters: Man kann den eigenen Interessen nachgehen, ohne dass etwas „Produktives" dabei herauskommen muss. Es darf natürlich, aber es muss nicht. Es darf ein Spielraum sein, in dem man wirklich spielen darf, der Neugier nachgehen darf. Das ermöglicht es einem auch, den wirklich *eigenen* Interessen nachzugehen. Denken wir an die verschiedenen Interessen, die wir im Laufe unseres Lebens gepflegt haben, fällt nämlich auf, dass einige Interessen nicht wirklich die eigenen waren. In jeder Familie gibt es Interessen, die man als Kind einfach zunächst als die eigenen Interessen versteht, obwohl sie es vielleicht gar nicht sind.

Der Sohn eines fanatischen Berggängers erzählt, wie er als Kind auf jeden Berg mitgeschleppt wurde und er überzeugt davon war, dass ihn das Bergsteigen auch tief erfüllte. Als 20-Jähriger, nicht mehr an der Hand des Vaters, sondern mit Bergkameraden, ertappte er sich dabei, wie er am Fuß einer steilen Wand eine intensive, lebendige Fantasie hatte, nicht weiter aufzusteigen, sondern zu biwakieren und ein Buch zu lesen. Und er spürte: Gerade das würde er jetzt lieber machen als aufzusteigen. Er stieg trotzdem auf, er wollte ja seine Kameraden nicht im Stich lassen, aber es war seine letzte Hochgebirgstour. Er stellte fest, dass dieses Klettern nicht sein Interesse war, sondern das seines Vaters. Dass er zwar gerne von oben in die Weite schaute, dass er dafür aber nicht sein Leben riskieren wollte.

Das eigene Interesse spricht einen unmittelbar im Kern des Wesens an, berührt ureigene Fähigkeiten und ermögliche es einem, sich in einer ganz spezifischen Weise mit dem Inhalt des Interesses zu verbinden. Diese Prozesse, auf die man sich dabei einlässt, erscheinen einem als sehr sinnvoll, auch dann, wenn andere das Ganze eher für sinnlos halten.[28]

Die Simultaneität positiver und negativer Emotionen

Ausgegangen bin ich von der Regulierung der Emotionen als einem wichtigen Aspekt der Orientierung, der inneren Kontrolle und des Wohlbefindens. Der Spielraum des Explorierens, der Neugier, des Interesses, der Freude ist ein belebender Raum, ein Raum gegen die Angst und gegen die Depression, und deshalb ist es im höheren Alter besonders wichtig, einen Zugang zu diesem Spielraum zu finden. Aber geht das? Haben alte Menschen denn noch so viele positive Emotionen? Forschungen zeigen, dass entgegen der landläufigen Erwartung alte Menschen mehr positive Emotionen zeigen als negative,[29] und die Intensität der Emotionen geht auch nicht zurück. Das scheint sich erst bei den Hochbetagten zu ändern, aber nicht in dem Sinne, dass die positiven Emotionen abnehmen, sondern die negativen – wie Angst und damit verbundene Niedergeschlagenheit, Ärger – nehmen zu. Staudinger[30] sieht die Alterszufriedenheit im Zusammenhang mit dem „Überschuss an positiven Gefühlen“[31]. Positive Gefühle als protektiver Faktor im hohen Alter, positive Gefühle auch als Möglichkeit, das Selbstwertgefühl, aber auch die Befindlichkeit zu stabilisieren – damit wächst die Möglichkeit, Spannungen auszuhalten. Denn Spannungen gibt es natürlich.

Carstensen[32] hat zudem herausgefunden, dass mit zunehmendem Alter positive und negative Emotionen quasi gleichzeitig erlebt werden. Sie sieht das als Grund für die emotionale Stabilität der alten Menschen und damit für deren erstaunliches Wohlbefinden. In einer sehr überzeugenden Forschung wurden Menschen zu ganz verschiedenen Zeitpunkten nach ihren Gefühlen befragt: Sie gaben an, gerade glücklich und traurig zu sein, dankbar und ärgerlich, ängstlich, aber auch freudig und zuversichtlich – und zwar manchmal gleichzeitig. Und diese Gleichzeitigkeit von positiven und negativen Emotionen kommt im höheren Alter häufiger vor, ist dagegen bei den Jüngeren weniger auszumachen. Ist das das Geheimnis des zunehmenden Wohlbefindens im Alter, trotz aller Probleme? Ist das der Grund, dass ältere Menschen auch mit schwierigen Situationen immer wieder erstaunlich gut zurechtkommen? Befragt danach, ob sie die erlebten emotionalen Zustände steigern, beibehalten oder dämpfen wollten, gaben die Jüngeren an, vor allem negative Emotionen zu verstärken, positive zu dämpfen; den Älteren war im Gegensatz dazu wichtig, sich die positiven Emotionen zu erhalten.[33] Sie setzen sich aber dann mit negativen Gefühlen und mit Situationen, die negative Gefühle bewirken und einen beeinträchtigenden Einfluss auf das Wohlbefinden haben, auseinander, wenn es notwendig ist.[34]

Aber was bedeutet es nun, dass polar entgegengesetzte Emotionen und Gefühle gleichzeitig erlebt werden können? Es ist dann nichts mehr nur einseitig, nichts mehr nur schwarz oder weiß, sondern eben beides: schwarz *und* weiß. Positive und negative Emotionen scheinen auch nicht in Konkurrenz zueinander, in Spannung zu stehen, sondern miteinander zu koexistieren als eine wichtige Form von Ganzheitserleben: Leben besteht aus Hellem und aus Dunklem, keine der Emotionen muss die andere verdrängen. Was man in jungen Jahren mühsam lernt, dass auch das Dunkle zum Leben gehört, dass auch die Abgründe dazugehören, dies scheint auf eine natürliche Weise im höheren Alter selbstverständlich zu werden und Menschen zu stabilisieren. Licht und Schatten: gleichzeitig.

In der Jung'schen Psychotherapie ist die Auseinandersetzung mit dem Schatten, das heißt mit denjenigen Aspekten der eigenen Persönlichkeit, die wir ablehnen, ein wichtiger Schritt zur psychischen Stabilisierung. Da sich die Schattenseiten vor allem in Beziehungen zeigen – zum einen als schattenhaftem Verhalten, zum anderen aber auch in der Projektion dieser nicht akzeptierten Anteile auf unsere Beziehungspersonen –, kann das Erleben vom Schatten, der damit verbundene Ärger, die Aggression, die Angst, sich als Abgrund in den Beziehungen zeigen, mit den damit verbundenen Enttäuschungen. Aber auch unsere Beziehungspersonen haben schattenhafte Anteile, benehmen sich gelegentlich schattenhaft und projizieren natürlich genauso. Zu sehen, dass der Mensch, der uns so abgrundtief enttäuscht, zugleich auch der Mensch ist, der wunderbare Qualitäten hat, den wir lieben und der uns liebt, der uns erfreut, ist oft eine große emotionale und kognitive Anstrengung. Gelingt diese Anstrengung, gelingt es, den eigenen Schatten zu akzeptieren, aber auch zu akzeptieren, dass Schattenhaftes auch zu einer Beziehung gehört, stabilisiert dies die Beziehung und die eigenen Emotionen.[35]

Ein Therapiekonzept, das zu einer Haltung führt, dass Helles und Dunkles akzeptiert werden kann, ein Therapiekonzept, das darauf gründet, dass Helles und Dunkles zusammengehören, ist das von C. G. Jung – und eine ähnliche Erfahrung sollen wir also offenbar durch das Altern, durch das Reifen der Persönlichkeit machen können. Einfach so? Ohne Anstrengung? Vielleicht nicht ohne Anstrengung, vielleicht ist es ja das lebenslange Lernen, das dahin führt. Oder ist das die spezifisch humane Veränderung im alternden Menschen, von der Oswald[36] spricht und die zu mehr Glückserleben führt?

Auch Metaanalysen zu den Forschungen zum Wohlbefinden im höheren Alter weisen darauf hin, dass ein bewusstes Hinwenden zu den positiven Gefühlen zu entsprechenden Zielen führt, wenn alte Menschen ihre Stimmung heben, indem sie an eine glückliche vergangene Situation denken.[37] Die Hinwendung zu den positiven Gefühlen hat einen großen Einfluss auf das Leben im Alltag, scheint allerdings abhängig zu sein von kognitiven Faktoren. Wer große kognitive Einbußen hat, hat diese Möglichkeit wohl nicht mehr,[38] aber so sicher ist das nicht. Es wird wohl in nächster Zeit auch untersucht werden.

Distanzierung von Spannungen

Spannungen in zwischenmenschlichen Beziehungen ereignen sich natürlich auch im Alter. Gerade weil Beziehungen, nicht nur zum angestammten Partner oder der Partnerin, wenn noch vorhanden, von großer Bedeutung für das Wohlbefinden sind, für den Austausch, aber auch für das Gefühl, noch dazuzugehören, ein Teil eines sozialen Netzwerks zu sein, gerade deshalb ist der Umgang mit den entstehenden Spannungen sehr wichtig.

Sorkin und Rook beforschten dieses Thema und stellten fest, dass Spannungen im höheren Alter dadurch gelöst werden, dass sich der alternde Mensch auf sich selber zurückzieht: Nicht mehr die Beziehung ist für eine gewisse Zeit das Wichtigste, sondern das eigene innere Wohlbefinden.[39] Ältere Menschen distanzieren sich vom Konflikt, vermeiden Spannung und zunehmende Erregung, indem sie sich für eine gewisse Zeit abwenden, selbstprotektive kognitive Strategien anwenden, die erklären, warum eine Situation ist, wie sie ist, und dass es nicht primär ihr Fehler ist oder wenn doch, dann eine unbedeutende Fehlhandlung. Sie vermeiden Spannung aber auch dadurch, dass sie ein Ziel, das schwierig zu erreichen ist, aufgeben, allenfalls ein neues, leichter zu erreichendes anstreben (SOK).

Dieses Verhalten kann man so verstehen, dass sich der alte Mensch dem Konflikt entzieht, weil er sich nicht mehr für konfliktfähig hält, was wahrscheinlich in gewisser Weise auch stimmt. Das könnte auch die jeweiligen Erklärungen der alten Menschen, warum etwas sich gerade so ereignet hat, die die Mitwelt in der Regel als Ausreden empfindet, verständlich machen. Man kann diese Art des Umgehens mit Spannungen aber auch so sehen, dass, gerade weil die Kraft nicht mehr reicht, um den Konflikt und die Spannungen auszuhalten, der Rückzug auf sich selbst, damit auch auf positive Emotionen, letztlich hilft, die lebenswichtigen Beziehungen aufrechtzuerhalten. Nach einer gewissen Zeit des Rückzugs können die alten Menschen sich wieder emotional auf die Beziehung einlassen. Wenn dieses distanzierende Verhalten nicht mehr gelingt und es so auch nicht mehr möglich ist, die jeweilige Beziehung aufrechtzuerhalten, ziehen sich die Alten von diesen Beziehungen zurück.

Dennoch: Die positiven Beziehungserfahrungen im Alter überwiegen die negativen, glaubt man den Studien. Allerdings postulieren Sorkin und Rooks auch, dass bei den alten Menschen die positiven Beziehungserfahrungen auch deshalb die negativen übertreffen, weil sie an gewisse Konflikte und Spannungen im eigenen Netzwerk der Beziehungen mit einigen schwierigen Menschen, die einfach zum Netzwerk gehören, schon längst gewohnt sind, weil diese chronisch sind und deshalb auch keine größere Unruhe mehr auszulösen vermögen.[40] Auch das mag zum Wohlfühlparadox beitragen, diese Art des Umgangs mit Spannungen.

Von außen mag dieser Umgang mit Spannungen, auch mit Spannungen in der Welt, nur als Zeichen des mangelnden Interesses am Alltagsgeschehen gesehen werden. Es kann aber ebenso gut als ein weiser Umgang mit den Erregungen und Aufregungen verstanden werden. So sagt eine 90-Jährige:

„Ich kann mich nicht mehr aufregen über diese ganzen bösartigen Bemerkungen über die Fremden. Aber ich kenne einen Flüchtling, und mit ihm leide ich mit, und ich helfe ihm auch, wenn ich kann."

Was meint sie? Sie spricht darüber, dass dieser Fremdenhass so destruktiv sei, dass sie sich von dieser vergiftenden Destruktivität fernhalte, dazu habe sie jetzt ein Recht. Die große Welt und die Umtriebe, das sei nicht mehr ihr Ding. Sie schreibe auch keine Leserbriefe mehr, das habe sie früher oft getan. Aber mit einem einzelnen Menschen zu sprechen, auch ein wenig zu helfen und sich auch etwas helfen zu lassen, damit es nicht so nach Almosen aussehe, das mache ihr immer noch Freude.

Das ist ein Beispiel dafür, wie das von Sorkin und Rooks erforschte Umgehen mit Spannungen sich im Alltag zeigt. Interessant an diesem Beispiel ist der Hinweis, dass die alte Frau Destruktivität als vergiftend erlebt, offenbar auch spürt, dass man sich leicht anstecken könnte, und sich deshalb davon distanziert. So ganz nebenbei bringt sie das Thema der Gefühlsansteckung ins Gespräch und die Freiheit, sich nicht von allem anstecken zu lassen, ihre Möglichkeit, sich auf das zu konzentrieren, das ihr guttut. Aber diese Freiheit muss man natürlich haben – und sie hat sie.

Trauern und Einsamkeit

Es ist immer wieder erstaunlich, wie Menschen im sehr hohen Alter mit vielen Verlusten konfrontiert werden und dennoch nicht die Zuversicht verlieren. Hält das Vorherrschen der positiven Emotionalität auch schwierigen Lebenserfahrungen stand? Ist es möglich, dass auch in Situationen von gravierender Trauer zwar die Trauer erlebbar ist, dennoch aber auch positive Gefühle, wie etwa Dankbarkeit, Freude an der Natur, an der Kultur, neben der Trauer weiter erhalten bleiben und erfahren werden können?

Wir Menschen sind vom Gefühl der Trauer erfasst, wenn wir einen Menschen oder auch ein Gut verloren haben oder zu verlieren drohen, das für unser Leben einen besonderen Wert dargestellt hat oder noch darstellt. Mit diesem Gefühl der Trauer verbunden sind viele verschiedene Gefühle: Gefühle des Kummers, der Angst, des Zorns, der Liebe, der Freude in der Erinnerung, aber auch der Schuld usw. Das Zulassen dieser verschiedenen Gefühle bewirkt, dass wir in einen Trauerprozess eintreten, in einen Entwicklungsprozess, durch den wir langsam – und sehr schmerzhaft – lernen, den Verlust zu akzeptieren und ohne den Menschen, den wir verloren haben, aber mit allem, was dieser Mensch in uns geweckt hat und was wir nicht verloren geben müssen, uns wieder neu auf das Leben einzulassen.

Den Verlust eines Menschen müssen wir aus der Beziehung heraus verstehen: Wenn wir uns auf einen Menschen einlassen, entsteht eine Bindung, eine Beziehung und damit intrapsychisch ein Beziehungsselbst. Mit dem Menschen, den wir verlieren, verlieren wir oft auch die Bindungsperson, den Menschen, mit dem wir uns ausgetauscht haben, wenn das Leben schwierig wurde, den Menschen, der uns getröstet hat. Und diese schwierige Erfahrung kann nicht mehr mit diesem Menschen geteilt werden. Es ist nicht nur eine Bindung entstanden und jetzt verloren gegangen, sondern auch ein Beziehungsselbst. Dieses Beziehungsselbst ist unterschieden vom eigenen Selbst, es gibt aber auch Überschneidungen. Das Beziehungsselbst verstehe ich als ein Selbst, das zwischen beiden entsteht: Es ist die Verinnerlichung der Dynamik einer gelebten, engagierten Beziehung. Damit verbunden ist eine wechselseitige Belebung von Persönlichkeitsanteilen im Laufe der Zeit.[41] Dieses Beziehungsselbst ist dynamisch, verändert sich mit der Zeit und mit der Beziehung. Jeder der beiden erfährt dieses Beziehungsselbst aus der eigenen Perspektive, auch wenn es als „gemeinsam" erlebt wird.

Natürlich gibt es auch in einer engen Beziehung Selbstanteile, die durch die Beziehung nur wenig oder nicht beeinflusst werden. Das sind dann auch die Selbstanteile, auf die man sich in der Trauerarbeit zurückorganisiert. Dieses Beziehungsselbst wird durch die gelebte Ich-Du-Beziehung geformt, besonders durch das wechselseitige Wahrgenommenwerden und der damit verbundenen, kaum wahrnehmbaren, aber bedeutenden Vergewisserung der jeweiligen Identität des Einzelnen in der Entwicklung: So, wie der verstorbene Mensch uns gesehen, konkret auch angesehen hat, liebevoll, freundlich, kritisch, wissend, so sieht uns niemand mehr an. Zur Ich-Du-Beziehung gehört der miteinander gestaltete Alltag, gehören die geteilten Interessen, Werke, die man vollbracht hat, vollbringt und noch vollbringen möchte. Diese „Werke" können Kinder sein, aber auch Unternehmungen, die wir miteinander gestalteten, indem wir einander angeregt, aufgeregt, herausgefordert und in der Folge etwas auch realisiert haben. Natürlich gibt es auch Unternehmungen, Gestaltungen, die wesentlich mehr der eigenen Persönlichkeit entspringen.

Zum Beziehungsselbst gehören auf einer mehr unbewussten Ebene aber nicht nur Projektion und Delegation, sondern auch persönliche Eigenheiten und Entwicklungen, die durch die Beziehung ineinander geweckt, auseinander herausgeliebt worden sind.[42] Dieser Aspekt des Beziehungsselbst ist in der Verliebtheit begründet, in der Phase, in der man die idealen Lebensmöglichkeiten ineinander und in eine mögliche Zukunft hineinsieht – die Vision für das Beziehungsselbst. Auch wenn vieles idealisiert wird, es werden auch Entwicklungsmöglichkeiten erahnt, die durch die gemeinsame Beziehung auch teilweise realisiert werden können. Natürlich werden im Laufe der Beziehung auch Eigenheiten belebt, „herausgezwängt", die man als weniger positiv erachtet. Im Beziehungsselbst schlagen sich natürlich auch schwierige Wechselwirkungen nieder.

Da das Beziehungsselbst sich nach dem Verlust des Gegenübers nicht mehr weiterentwickeln kann, muss man sich in der Trauerarbeit vom Beziehungsselbst auf das eigene Selbst zurückorganisieren, möglichst so, dass Gewachsenes in der Beziehung ins eigene Leben und in die eigene Erfahrung übernommen werden kann. Der natürliche Trauerprozess ermöglicht uns dies, in einem langandauernden, emotional bedeutsamen Wandlungsprozess, und zwar dergestalt, dass vieles, was im Beziehungsselbst erlebbar war, in veränderter Form ins eigene Leben integriert werden kann. Damit einher geht die Akzeptanz des Verlusts, zurück bleibt eine dankbare Wehmut, immer einmal auch von Sehnsucht nach dem verstorbenen Menschen durchzogen, die die Freude am Leben und am Gestalten aber nicht mehr stört, sondern vielleicht ist es sogar umgekehrt: Weil man lebt, möchte man so lebendig wie möglich sein. Träume von den Verstorbenen sind für diesen Prozess hilfreich wie auch die emotionalen Erinnerungen an das gemeinsame Leben, die im vorstellungsbezogenen Erinnern vergegenwärtigt werden. Das Erleben des „eigenen Selbst", auf das wir uns im Trauerprozess zurückorganisieren, ist wesentlich im Zusammenhang mit Trauer und Ablösung. Ist das eigene Selbst dem trauernden Menschen wenig zugänglich, etwa, weil er sich in der Beziehung früher vorwiegend an den nun Verstorbenen angepasst und sich selber darüber etwas vergessen hat, kann mit einer Depression statt mit Trauer reagiert werden.[43]

In den Trauerprozessen im hohen Alter verbinden sich Trauer um verstorbene Menschen mit der Trauer um das zu Ende gehende Leben – mit dem sich Anfreunden mit dem eigenen Tod. Trauern im hohen Alter ist aber immer auch von Inseln von Wohlbefinden und Dankbarkeit durchsetzt.

Die Verlusterfahrung im höheren Alter, besonders wenn ein Paar sehr lange miteinander gelebt hat, ist von sehr großer Bedeutung für das Lebensgefühl des zurückbleibenden Partners oder der Partnerin.

„Ich dachte, ich kann ohne meine Frau doch gar nicht weiterleben", so ein 85-jähriger Mann. Er hat weitergelebt, ließ sich vom Leben noch einmal herausfordern. Dennoch: Das Phänomen des „Nachsterbens" ist bekannt.

So verschieden die Menschen sind, so verschieden altern sie, und so verschieden auch die Beziehungen sind, die zu einem Ende kommen, so verschieden sind die Trauerprozesse. Da gibt es die Witwen, die noch einmal ihr ganz eigenes Leben leben, herausfinden wollen, wer sie denn eigentlich sind – exemplarisch dargestellt zum Beispiel in Brechts Erzählung „Die unwürdige Greisin“[44]. Und in dieser Geschichte wird auch exemplarisch dargestellt, wie sehr die Familie dieses endlich selbstbestimmte Leben der Mutter verhindern möchte.

Andere ziehen sich vom Leben zurück, das beunruhigt die Nachkommen, sie sind verunsichert angesichts der Trauer, auf die sie wenig Einfluss nehmen können. Da sind die Angehörigen, die sich nach einer für sie „angemessenen Trauerzeit“ besorgt erkundigen, ob ihre Mutter vielleicht eine Depression habe – sie interessiere sich nicht für einen neuen Partner, habe den Trauerprozess also wohl nicht abgeschlossen. Warum sollte die Mutter sich für einen neuen Partner interessieren? Auch hier sind Menschen verschieden. Es gibt Menschen, die sich der Welt wieder zuwenden, sich von der Welt auch wieder ansprechen lassen, indem sie sich Menschen öffnen, die sie immer wieder zufällig treffen, andere suchen zielstrebig neue Formen von Beziehungen:

Eine über 90-Jährige, die nicht mehr gut sieht, sich einsam fühlt, lässt sich von Studierenden vorlesen, diskutiert mit ihnen das Vorgelesene und entlohnt sie für die Zeit, die sie mit ihr verbringen; sie erlebt diese Zeit als Geschenk. Das sind alles Möglichkeiten, wieder auf die Welt zuzugehen – und es gibt noch viele andere.

Das Erinnern an die Zeit mit dem verstorbenen Partner, der verstorbenen Partnerin nimmt bei vielen einen wichtigen Raum ein, aber nicht nur als Bedauern, dass der Partner nicht mehr da ist, sondern auch als eine Form des dankbaren Zurückblickens auf das gelebte Leben.

Alte Menschen können, wie jüngere Menschen auch, mit einer Depression auf einen Verlust reagieren und müssen dann auch psychotherapeutische Hilfe bekommen. C. G. Jung – und das ist auch Konsens in der Jung'schen Psychotherapie – war der Ansicht, dass Menschen reifen können bis zum Tode, in einem sogenannten Individuationsprozess. Der Individuationsprozess ist ein lebenslanger Entwicklungsprozess, durch den wir Menschen immer mehr zu uns selber finden und dabei verwirklichen, was in uns angelegt ist, was wir aber dennoch noch nie gewesen sind. Er kann auch in einer Therapie des depressiv gewordenen Menschen zentral wichtig sein und helfen, durch Entwicklung von noch wichtigen Persönlichkeitsanteilen, dem eigenen Selbst, aus der Depression zu finden.

Grundsätzlich aber meine ich, dass alte Menschen das Recht haben, so zu trauern, wie es ihnen richtig erscheint. Problematisch wird das dann, wenn diese alten Menschen vereinsamen, weil sie nicht mehr ihre Fühler in die Welt ausstrecken, weil sie mit dem verstorbenen Partner, der verstorbenen Partnerin auch schon ein wenig „mitgestorben" sind, und wie in einem Zwischenreich leben, so dass sie die „lebenden" Menschen emotional aufgegeben haben.

Einsam werden alte Menschen, vor allem Hochbetagte, aber nicht nur durch Trauerprozesse, die zu einem Stillstand gekommen sind, sondern auch dadurch, dass so viele ihrer Altersgenossen schon gestorben sind, andere „nicht mehr dieselben" sind, weil sie in ihren kognitiven und emotionalen Funktionen beeinträchtigt sind. Diese Erfahrungen lösen Hilflosigkeit und Angst aus und machen einsam. Die emotionale Einsamkeit ist oft verbunden mit einem Gefühl des Verlassenwordenseins, dem Gegensatz zur Bindung.

Verlassen zu werden ist ein großes Thema in der Kindheit. Ein Säugling, der verlassen wird, im Stich gelassen wird, kann nicht überleben. Das Thema des Verlassenseins kann mit dem befürchteten Tod emotional verknüpft sein. In jeder Biografie gibt es das Thema des Verlassenwerdens, mehr oder weniger. Wer als Kind keine fraglose Geborgenheit erlebt hat, sondern gefühlsmäßig immer wieder verlassen worden ist, reagiert stärker auf Einsamkeit: Fast kindliche Verlassenheitsängste können wieder reaktiviert werden – und als irreale Ängste werden sie von den Mitmenschen schlecht verstanden. Emotionale Probleme von früher können wieder auftreten, wenn das Gefühl, das Leben bewältigen zu können, abnimmt.

Emotionale Einsamkeit wird auch erlebt, weil die Generation, die „gleich" denkt, die „das Gleiche" erlebt hat, immer mehr im Verschwinden begriffen ist. Auch noch ziemlich junge Ältere können angesichts der Geschehnisse in der Welt etwas verwundert sagen: „Ich stehe mit meiner Weltanschauung, mit meinen Werten, die ich vertrete, komplett im Abseits." Solange man diese Wahrnehmung mit anderen, denen es genauso geht, teilen kann, ist sie leichter zu ertragen. Emotionale und soziale Einsamkeit wird immer wieder von den Hochbetagten beklagt, etwas weniger von denen, denen es gelungen ist, ein Netzwerk an Beziehungen auch zu Jüngeren zu knüpfen. Über diese Beziehungen freuen sich die Hochbetagten, vermissen aber dennoch Beziehungen zu den Gleichaltrigen, mit denen sie die vergleichbaren Lebenserfahrungen teilen konnten. Wer während seines Lebens gelernt hat, auch mit sich allein sein zu können, die eigene Gesellschaft zu schätzen, hat es etwas leichter. Dennoch: Es fehlt der anregende Austausch mit anderen, es fehlt die Auseinandersetzung, es fehlt die Berührung, die emotionale und die körperliche.

„Ich kann gut mit mir selber sprechen", sagt ein 75-Jähriger, „ich habe das in meinem Beruf immer gemacht, aber mir fehlt dann der Widerspruch, erst dann habe ich das Gefühl, dass es mich noch gibt!"

Grundsätzlich geht es denjenigen Alten besser, die nach einem bedeutenden Verlust wieder eine Person gefunden haben, der sie vertrauen und auf die sie sich verlassen können, wenn sie mit äußeren oder inneren Problemen nicht allein zurechtkommen.[45] Das heißt in unserem Zusammenhang: Eine der wichtigsten Aufgaben in einem Trauerprozess ist es, mindestens eine neue Bindungsperson zu finden. Diese mag schon vorher ein Teil des Beziehungsnetzes gewesen sein, damals aber vielleicht noch nicht so bedeutend, weil der Partner, die Partnerin als ursprüngliche Bindungsperson so wichtig war. Auf eine neue Bindungsperson zu vertrauen, auch wenn man weiß, dass auch dieser Mensch sterben kann, ist mutig und gelingt, wenn auf diese Person Verlass ist. Verlass muss sein.

Die Beziehung zu einer Bindungsperson kann alle möglichen Schattierungen von Beziehung haben: noch einmal eine Liebe, eine mehr oder weniger nahe Freundschaft, aber auch eine professionelle Beziehung zu jemandem, dem man vertraut. Ohne vorangegangene Trauerarbeit ist das sich Einlassen auf eine neue Bindungsperson nicht möglich, weil niemand der verlorenen Person gleich ist, also von vornherein bereits als nicht geeignet gesehen wird. Da aber dringend eine Bindungsperson gebraucht wird, kann die Ablehnung aller anderen Bindungspersonen, weil man ja noch an die ursprüngliche Bindungsperson gebunden ist, zu großen inneren Konflikten führen.

Ein 78-Jähriger sagt in diesem Zusammenhang: „Ich brauche dringend jemanden, mit dem ich die Dinge des Alltags durchsprechen kann. Aber niemand kann das so wie meine verstorbene Frau, und die ist nicht mehr da. Ich bin ganz blockiert und hilflos, weiß nicht aus noch ein. Alle mögen mich nicht."

Dass er „alle", die zur Verfügung ständen, ablehnt, kommt ihm nicht zum Bewusstsein. Eine Therapeutin hat hier vorübergehend Funktionen der Bindungsperson übernommen, kann diese aber nicht wirklich ersetzen, denn die Beziehung zu einer Bindungsperson ist eine reziproke Beziehung zu einem Menschen, mit dem man auch ab und zu den Alltag teilen kann.

Ist so viel Trauerarbeit geleistet worden, dass der Trauernde in den Verlust einwilligen, sein Schicksal in diesem Zusammenhang akzeptieren kann, ist es möglich, sich wieder auf eine neue Bindungsperson einzulassen. Diese neue Bindungsperson wird dann aber auch vom alten Menschen unterstützt, soweit das möglich ist. Ist die Wahl dieser Bindungsperson bewusst geschehen, vielleicht sogar nach einer Zeit des Sich-verloren-Fühlens, werden die neuen Möglichkeiten des Austauschs als große Erleichterung empfunden, verbunden mit Dankbarkeit. „Erbt" ein Sohn oder eine Tochter die Rolle dieser Bindungsperson, und das geschieht oft automatisch, wird diese Beziehung durch die jahrelangen Erfahrungen, die man miteinander gemacht hat, eingefärbt, im Guten wie im Schlechten. Trotzdem, auch wenn wieder eine Bindungsperson gefunden wird, viele der Trauernden scheinen vor allem die Zärtlichkeit zu entbehren, wie wir auch aus Studien wissen. Was Menschen sich zur Verbesserung ihres Lebens wünschen, ist Zärtlichkeit[46] und überhaupt Körperkontakt.

Annäherung an den eigenen Tod

Die verschiedenen Verluste im hohen Alter, nicht nur der Verlust einer engen Beziehungsperson, lassen auch an den eigenen Tod denken. Auch das verändert den Trauerprozess: In der Ablösung von einem Lebenspartner, der gestorben ist, lösen sich die Zurückgebliebenen auch selbst schon etwas vom Leben ab.

Im Rahmen der Erinnerungsarbeit, in der eine fast 90-Jährige sich noch einmal vergegenwärtigte, wie gern sie mit ihrem vor kurzem verstorbenen Partner getanzt hatte, sagt sie nachdenklich: „Ja, das ist jetzt vorbei – ganz vorbei. Aber wenigstens habe ich es gehabt." Und es ging nicht nur ums Tanzen – sie ließ sich überzeugen, dass sie das in einem etwas eingeschränkteren Maße ja noch tun könnte –, sondern es ging spürbar darum, dankbar, wehmütig von einem Aspekt ihres lebendigen Lebens Abschied zu nehmen.

Sich mit dem Tod so langsam anzufreunden, das ist eine Entwicklungsaufgabe im höheren Alter – und wird auch als solche benannt, so etwa in einem Gedicht von Rudolf Alexander Schröder, aus dem ich die letzte Strophe zitiere:

„Mir altem Mann geht's wunderlich, / hab viel verlernt, muß neues lernen. / 's ist an der Zeit: befreunde dich / der Nacht und ihren Sternen."[47]

Dieses sich Anfreunden mit dem Tod bewirkt, dass die Freude an speziellen Situationen im Leben – wie zum Beispiel Frühling –, die Erinnerung an eine intensive Erfahrung, die schon längst zurückliegt, wieder intensiv im Gefühl erlebt wird. Die Schönheit der Natur, die Schönheit des Lebendigen kann gesehen und auch genossen werden: Dieses Genießen ist wohl der Kontrast zum Wenigerwerden, zum Vergehenmüssen.

Die Trauer um den Verlust, und damit der Umgang mit dem Verlust von Geborgenheit und Zugehörigkeit, die Trauer um den unabwendbaren Verlust von Fertigkeiten und letztlich des Lebens selbst einerseits und andererseits die Freude an der Schönheit und an der noch erfahrbaren Lebendigkeit sind ineinander verwoben. Trauern ist natürlich ein Thema, aber es wird auch immer wieder – wohl mehr als in früheren Jahren – mit einer gewissen Gelassenheit erlebt und ist von Inseln des Wohlbefindens und der Dankbarkeit durchsetzt. Dazu passt, dass Studien belegen, dass trotz allem bis im „hohen Alter die positiven Gefühle die negativen übertreffen“[48].

Erinnerung als Ressource

Trauern heißt immer auch, sich zu erinnern: sich zu erinnern, um gelebtes Leben im Gefühl zu bewahren, um das Leben mit den Verstorbenen in der Fantasie gegenwärtig halten zu können, aber auch sich zu erinnern, um loszulassen, um zu vergessen. Wenn Ältere trauern, werden natürlich auch wichtige Lebenserfahrungen mit diesem Menschen, den man jetzt verloren hat, erinnert, Wegmarken der Beziehung, aber auch Situationen, die besonders komisch, besonders ärgerlich oder auch besonders kränkend waren. Weniger als bei jüngeren Menschen ist diese Erinnerungsarbeit nicht ausschließlich auf die Beziehung mit dem verstorbenen Menschen bezogen, sondern mehr auf das Leben als Ganzes, in dem natürlich die zu Ende gegangene Beziehung einen wichtigen Platz eingenommen hat. Es finden immer wieder Situationen des Lebensrückblicks statt, die nach und nach eine Schau auf das ganze Leben ermöglichen, das Leben abrunden. Das entspricht der Idee von Erikson,[49] dass im höheren Alter verschiedene Lebenserfahrungen in der Erinnerung integriert und auch bewertet werden, wenn immer möglich so, dass das eigene Leben mit den Höhen und Tiefen akzeptiert werden kann.

Hilfreich bei Trauerprozessen, aber auch, um überhaupt in einem emotionalen Kontakt mit anderen Menschen zu sein und um den Gefühlen der Einsamkeit etwas entgegenzusetzen, sind kleine Gruppen für alte Menschen, in denen am Lebensrückblick gearbeitet wird. Das muss nicht in Form von Therapie sein, auch die kann empfohlen sein,[50] sondern es geht eher um kleine Gruppen von Menschen, die sich über einen gewissen Zeitraum treffen, um miteinander über ihnen wichtige Situationen ihres vergangenen Lebens zu sprechen. Dabei geht es darum, mit dem gelebten eigenen Leben emotional in Kontakt zu kommen, mit den Höhen und mit den Tiefen. Es geht nicht um: Hätte ich doch, wäre ich doch … Es geht nicht um das, was wir für Versäumnisse halten, sondern darum, was wirklich war, um die Werte des gelebten Lebens. Manchmal geht es um Erfahrungen, die einen noch belasten, vor allem aber um den Kontakt mit der eigenen Lebensgeschichte.

Dieser Kontakt soll möglichst unsere Emotionen und Gefühle ansprechen, dadurch werden wir lebendig. Es gibt viele Formen von Lebensrückblick.[51] Beim Lebensrückblick, wie ich ihn empfehle, arbeitet man mit bestimmten Themen: Wie war es, als ich mein erstes eigenes Geld verdient habe? Wann war ich so richtig stolz auf mich? Wie bin ich mit einer Krise umgegangen?

Was war das für eine Krise? Wie sah ich da aus? Meine Mitmenschen? Solche und andere Situationen werden so lebendig wie möglich in der Vorstellung in die Gegenwart geholt und anschließend einander erzählt.

Beim Arbeiten am Lebensrückblick braucht man die Vorstellungskraft, die alle Menschen haben. Die Vorstellungskraft mit dem Alter wird nicht geringer. Eccles, ein Gehirn- und Neurophysiologe, stellte die Imagination an die Seite der Intelligenz: als eine wesentliche Fähigkeit, über die unser Gehirn verfügt, eine Fähigkeit, die wir nicht verlieren, auch nicht im Alter.[52] Sicher, sie kann mehr oder weniger geübt werden, aber sie ist auch eine wunderbare Ressource, die in uns angelegt ist.

Der Mann, der früher auf hohe Berge gestiegen ist, jetzt nur noch ein paar Schritte gehen kann, sagt: „Und dann schließe ich die Augen und ich stelle mir vor, wie ich auf meinen 8000er geklettert bin, ich stelle mir bestimmte Situationen wieder vor, nicht den ganzen Aufstieg, aber immer wieder Teile davon. Ich weiß, wie es sich angefühlt hat, wie wir gerochen haben, wie das Biwak war, wie kalt, wie furchtbar … Und dann öffne ich wieder die Augen und weiß, dass ich in Wirklichkeit jetzt kaum mehr gehen kann. Aber ich bin ganz zufrieden: Ich war wieder auf meinem Berg." Er hat recht: In der Imagination, in der Vorstellung, war er auf seinem Berg. Diese Erfahrung kann ihm niemand nehmen.

Die Gabe der Vorstellungskraft haben wir alle: Wollen wir zum Beispiel etwas aus unserem frühen Erwachsenenalter erzählen, etwa, was uns mit zwanzig wirklich interessiert hat, dann stellen wir uns vor, wie wir damals ausgesehen haben, in welchen Kontexten wir gelebt haben – so lebendig wie möglich. Durch diese Visualisierung vergegenwärtigen wir uns diese vergangene Situation, erleben wir noch einmal die Gefühle, die wir damals hatten. Wir gehen also in der erinnernden Vorstellung zu den Stationen im Leben zurück, wo etwas Entscheidendes geschehen ist, und holen es in das gegenwärtige Erleben. Das ist besonders dann wichtig, wenn wir eine Verfehlung, oder was wir für eine Verfehlung halten, erinnern. Unsere Verfehlungen, die Situationen, die wir am liebsten aus unserer Biografie streichen würden, beurteilen wir häufig vom Jetztstandpunkt aus. Und das ist ungerecht uns selbst gegenüber.

Der 87-Jährige wird nicht damit fertig, dass er als 17-Jähriger ein Mädchen schwängerte und sie dazu gebracht hatte, das Kind auszutragen und zur Adoption zu geben. „Das anders zu lösen, wäre doch ein Klacks gewesen", meint er. Anders? So, dass die beiden miteinander hätten leben und das Kind aufziehen können. Das mag aus der Perspektive und der Lebenserfahrung des 87-Jährigen ein „Klacks" sein, vor 70 Jahren war so etwas aber bestimmt kein Klacks. Und erst, nachdem er sich in der Imagination „gesehen und gespürt hat", als junger Lehrling, voller Lebensfreude, in einer Lehre, für die sein Vater das Geld zusammenkratzen musste, geht ihm gefühlsmäßig auf, dass es eben gar kein Klacks gewesen war und dass er und Menschen, die ihm beigestanden hatten, vielleicht das Beste gemacht hatten, was in dieser Situation möglich war. Jetzt konnte er sich verstehen und das

Weggeben des Kindes akzeptieren als etwas, das zu seinem Leben gehört.

Der Lebensrückblick beruht auf unserer Fähigkeit, uns zu erinnern. Die Erinnerungen kann uns niemand nehmen, so lange wir mental noch anwesend sind. Erfahrungen aus der Vergangenheit kann man sich vergegenwärtigen und sie in aller Ruhe noch einmal erleben, darüber sinnieren, sich daran freuen, wenn man sich die Zeit nimmt. Auf die Erinnerungen hat auch das Schicksal keinen Zugriff mehr – sie sind eine ziemlich sichere Sache.

Wir können indessen selber unsere Erinnerungen beeinflussen, da unsere Erinnerung niemals präzis ist.[53] Sind wir in einer guten Stimmung, dann werden wir auch freudige Situationen erinnern. Deshalb ist es sinnvoll, zunächst einmal Situationen von Freude, freudigem Stolz, freudigem Interesse in der Erinnerung hochsteigen zu lassen. Welche Freuden hatte ich als Vorschulkind oder als junges Schulkind? Gibt es diese Freuden noch im aktuellen Leben, natürlich altersadäquat verändert? Lassen wir diese Vorstellungen in der Imagination wieder aufleben – und das ist dann jetzt –, so geben sie uns ein gutes Selbstwertgefühl, heben unsere Stimmung ganz allgemein. Damit fühlen wir uns besser, sind anderen Menschen näher, sind freundlicher gestimmt und auch in der Lage, das eigene gelebte Leben mit freundlichen Augen anzusehen und damit aber auch solche Situationen, die wir bereuen, als solche stehen zu lassen, ohne uns weiter darüber zu grämen. Es war so. Es gibt auch andere Erfahrungen. Es empfiehlt sich, nach Freuden zu fragen, nach Interessen, nach Situationen, in denen man sich lebendig gefühlt hat – das verbessert das Selbstwertgefühl und die Lebenszufriedenheit. Das hat wiederum einen Einfluss auf weitere Erinnerungen, die die positiven Stimmungen und damit das Wohlbefinden stärken.[54] Damit wird die Zukunft auch eher unter dem Aspekt gesehen, was alles Gutes noch geschehen könnte, oder sie wäre zumindest geprägt vom Vertrauen, dass man bis jetzt das Leben recht kompetent geführt hat, und würde nicht nur unter dem Aspekt des Verlusts und der Befürchtungen in den Blick genommen.

Ziel des Lebensrückblicks, der nicht den Biografiegeleisen nachgehen und auch in keiner Weise vollständig sein muss, ist es, das Leben, das wir gelebt haben – Gutes, weniger Gutes, Bedauernswertes, Durchschnittliches – wieder ins Gefühl zu bekommen und es auch in seinem Wert zu sehen. Das bedeutet, dass die Geschichte der eigenen Identität, gerade auch angesichts der Abnahme der Kräfte, der Erfahrung, dass man im Leben der anderen immer weniger eine Rolle spielt, noch einmal deutlich erfahren wird. Die Identität ist dann nicht einfach die Identität „alte Frau“ oder „alter Mann“, sondern ein Ich im Alter, mit vielen Erfahrungen.

Das Arbeiten am Lebensrückblick gelingt dann gut, wenn die Beteiligten vorstellungsbezogen lebendig erzählen und damit auch die Zuhörenden in ihre Imagination verwickeln, wenn diese gut zuhören. Erfahrungen, die benannt werden, wecken Erfahrungen, Erinnerungen in den Zuhörenden – alle werden belebt und dadurch lebendiger. Das Erzählen ist ein wichtiger Anteil an der Erinnerungsarbeit: Unsere Vorstellungen sind oft noch gar nicht so präzise, sind nur ungefähr. Im Erzählen fassen wir sie in Sprache und dadurch werden sie geformt und gestaltet, mitteilbar eben. Im Unterschied zu Informationen sind Erzählungen vorstellungsbezogen und dadurch auch mit Emotionen verbunden. Der Zuhörer, die Zuhörerin einer Erzählung sind in einem gemeinsamen Erzählraum mit dem erzählenden Menschen verbunden. So erzählen wir uns auch im Alltag: „Stell dir vor, was mir passiert ist…“ Und so rekurrieren wir auf die Vorstellungskraft des anderen Menschen, und miteinander tauchen wir in die Erzählung ein.

Beiläufig wird bei diesem Erzählen auch Trauerarbeit geleistet, da viele Erinnerungen vom Leben von Menschen handeln, die bereits gestorben sind, sehr oft auch von dem Menschen, den man aktuell betrauert. Das ist wichtig für die Trauerprozesse, die noch im Gange sind, es ist aber auch eine grundsätzlichere Auseinandersetzung mit dem Tod – und es verbindet die Erzählenden angesichts von Tod und Vergänglichkeit miteinander. Und nicht selten weckt dieses Erzählen auch Dankbarkeit, Dankbarkeit den Menschen gegenüber, die uns Gutes getan haben, auch wenn man es ihnen nicht mehr sagen kann.

Diese Methode des Lebensrückblicks wird auch in Alterseinrichtungen angeboten – sie funktioniert dann gut, wenn Menschen auch zuhören können und wollen. Offenbar ist das Bedürfnis zu erzählen unter den alten Menschen größer als das Bedürfnis zuzuhören. Natürlich bekommen in einer solchen Gruppe alle genügend Zeit, zu erzählen, und auch Zeit dafür, zuzuhören. Auch wenn dieses Erzählen nicht organisiert geübt wird, es geschieht auch sonst: Alte Menschen erzählen gerne aus ihrem Leben, wenn ihnen denn jemand zuhört.

Diese emotionale Weise, auf das Leben zurückzublicken, bringt zum einen eine Belebung, das Selbstwertgefühl und das Wohlbefinden werden besser, die Depressivität geht zurück. Dazu gibt es verschiedene Studien, die allerdings etwas daran kranken, dass es so viele unterschiedliche Formen des Lebensrückblicks gibt.[55] Viele, die sich in dieser Weise erinnern, staunen selbst darüber, wie sie ihr Leben gelebt haben, wie sie Schwierigkeiten bewältigt haben. Dabei geht es selten um die ganz großen Krisen, sondern um die vielen kleineren und doch so bedeutenden Alltagskrisen, die erinnert werden, aber auch um die schönen Alltagserfahrungen, die jetzt wieder zugänglich sind. Eine Zufriedenheit über das eigene Leben, manchmal auch Stolz stellen sich ein. Und wenn eine Gruppe freundlich miteinander umgeht, dann können diese Freuden auch geteilt werden, und dadurch wird die Freude ja mehr. Auch andere sehen es und anerkennen es. Wird eine Gruppe angeleitet, dann ist es wichtig, von Anfang an den freundlichen Blick zu empfehlen und auch entsprechend zu verstärken.

Diese Gefühle der Zufriedenheit sind wichtig auch für die Sicht auf den letzten Lebensabschnitt. So sagt ein 76-Jähriger, schwerkranker Mann: „Ich habe jetzt gemerkt: Mir ist in schwierigen Situationen immer etwas eingefallen, oder mir ist etwas Gutes von außen zugestoßen. Das wird wohl jetzt, wenn es auf den Tod zugeht, auch nicht anders sein."

Beim Zurückblicken auf das Leben kann den Menschen aber auch plötzlich bewusst werden, was ihnen noch wichtig ist, was sie unbedingt noch – oder noch einmal – realisieren möchten.

Bei der Anregung, sich in die Zeit kurz vor dem 20. Lebensjahr in der Imagination zurückzuversetzen, fiel einem 90-Jährigen ein, dass er damals unbedingt Wiener Walzer tanzen lernen wollte und dass er das nie gemacht hatte, es auch völlig vergessen hatte. Jetzt aber fand er, das müsse er doch noch realisieren. Er nahm Tanzstunden und wurde ein begehrter Tänzer in der Altersresidenz.

Eine 85-Jährige erinnerte sich daran, dass sie als 12-Jährige den Kindern so gern vorgelesen hatte. Sie versetzte sich offenbar wieder ganz in diese Situation hinein und erzählte, wie gern sie gelesen hatte, wie die zuhörenden Kinder „Mund und Nase aufgesperrt" hatten, wie sie dadurch immer ausdrucksvoller vorlas – ein wunderbares Lebensgefühl. Sie entschloss sich kurzerhand, auch jetzt wieder einen Vorlesenachmittag anzubieten. Das löste in der kleinen Gruppe die Frage aus: Was soll sie denn lesen? Und jetzt erinnerten sich die Leser und Leserinnen in der Gruppe an Bücher, die sie besonders gern gehabt hatten, aber auch an Bücher, die sie in letzter Zeit gelesen hatten oder lesen wollten und die sie dann doch wieder weggelegt hatten, weil die Schrift mühsam zu lesen war. Viele neue Erinnerungen wurden aktiviert, wie ja überhaupt eine Ansteckung mit Erinnerungen zu sehen ist.

Viele Erfahrungen, von denen jemand spricht, wie etwa die Erinnerung an die ersten Sprünge vom Drei-Meter-Brett, und die damit verbundenen Gefühle und auch Absichten, teilen wir Menschen ja miteinander. Überhaupt werden bei diesen gemeinsamen Lebensrückblicken Schätze gesammelt, Knotenpunkte der Erinnerung, die in Vergessenheit zu geraten drohten.

Da erzählt einer fasziniert von seinen Versuchen als Jugendlicher, ein Flugzeug zu bauen, in der Hoffnung, dann einfach so fliegen zu können. Er erzählt von seinen Hoffnungen, aber auch von seinen Enttäuschungen. und er wird intensiv befragt: Wie habe er es denn angestellt, wie professionell war das? Wer hat geholfen? Und durch dieses Gespräch fällt anderen ein, was sie konstruieren oder kreieren wollten, vor allem aber erinnern sie das Lebensgefühl, welches Erinnerungen an Musik, an die Begegnung mit Bildern, mit Architektur auslösten.

Jemand bringt diese Erinnerungen immer auf und steckt die anderen damit an. Natürlich sind nicht alle ansteckbar – aber doch vielen wird dabei bewusst, dass sie durch die Auseinandersetzung mit der Kultur viele Anregungen und viele Freuden erlebt hatten, die ihnen noch immer zugänglich sind. Andere, die weniger mit Kultur in Berührung kamen, nehmen sich nach solchen Berichten von Erfahrungen mit der Kultur vor, auch einmal in ein Kunstmuseum zu gehen.

Andere erzählen von Erlebnissen in der Natur und holen dadurch auch bei anderen ähnliche Erfahrungen in die Erinnerung zurück. Bei diesen Erinnerungen wird deutlich, wie reich ein ganz normales Leben ist, wie viele Situationen uns fasziniert haben – aber wir haben sie fast vergessen.

In einer Gruppe erzählt ein 80-Jähriger einen Traum: „Stellt euch vor, ich habe mich im Traum gesehen, wie ich als etwa 12-Jähriger Kirschen gestohlen habe. Es war wie damals, ich musste sehr wach sein, denn der Bauer hätte mich verprügelt. Im Traum habe ich sehr aufgepasst, es ging gut. Aber die Freude stellte sich erst so richtig ein, als ich erwacht war. Stellt euch das vor: dieses Gefühl, jung, elastisch auf einen Kirschbaum zu steigen, wo ich mich doch kaum mehr bewegen kann! Aber das hat mir richtig gutgetan: ein wunderbares Lebensgefühl, ein Trost auch."

Solche Träume kommen recht oft vor. Natürlich kann man sie so sehen, dass das Unbewusste die bewusste eingeschränkte Bewegungsfähigkeit kompensiert und damit die Stimmung hebt, was ja auch schon viel ist. Wenn man das Träumen aber so versteht, dass es Ausdruck unserer ureigenen Kreativität im Schlaf ist, dann kann man sich auch leicht vorstellen, dass alle Gestalten, die im Traum vorkommen, Aspekte des Träumers oder der Träumerin sind.[56] Das würde heißen, wir altern zwar, aber wir sind auch in allen Altern gleichzeitig, auch wenn wir das nicht immer spüren. Schauen wir ein Foto aus unserer Kindheit an, so sagen wir: „Das bin ich!" – und nicht: „Das war ich." Das sind die

Wurzeln unserer Identität, und alles, was wir schon einmal waren, gehört zur Kontinuität unseres Lebens; wir können immer eine Spur ziehen von damals zu heute, und wir spüren, dass auch in den verschiedensten Lebenssituationen immer „wir selbst" es sind – das ist die Kohärenz unserer Identität. Und beim Vorausschauen in die Zukunft spielt die Herkunft eine große Rolle, aber eben auch noch die offene Zukunft. Wie werden wir eines Tages, wenn es uns nicht mehr gibt, geworden sein. Wie werden uns andere sehen? Sicher nicht einfach als alte Frau oder als alter Mensch, sondern als Mensch mit Eigenheiten, der vieles auch angestoßen hat im Leben.

Beim Traum dieses Mannes stellte sich dann aber über diese Überlegungen hinaus doch die Frage, ob er vielleicht jetzt Lust hat, Kirschen in Nachbars Garten zu pflücken, ob ein erotisches Abenteuer – mit der Idee, jemandem etwas zu stehlen, aktuell ist – und ob der Traum diese seine Fantasien mit ihm als 12-Jährigem in Verbindung brachte.

Nähe durch erzählte Erinnerungen

Menschen, die miteinander Erinnerungen teilen, beleben nicht nur gegenseitig ihren latenten Erinnerungsschatz, sie entwickeln auch eine emotionale Nähe zueinander. Sie erzählen einander Geschichten, die sie vielleicht noch nie oder zumindest nicht so emotional erzählt haben. Sie lernen einander über die Geschichten kennen, nicht selten werfen sie sogar einen freundlichen

Blick auf eine Geschichte, die dem Erzähler oder der Erzählerin eher peinlich ist, und heben damit solche Erinnerungen aus der Schmuddelecke des Lebens.

Wichtige Erinnerungen sind solche an liebevolle Beziehungen, aber auch an quälende. Erinnerungen an liebevolle Begegnungen lösen warme Gefühle aus, aber wohl noch viel mehr. Aus der Neurobiologie ist bekannt, dass „freundliche, lobende oder aufmunternde Worte, aber auch nicht verbale Kommunikation wie Blicke, Gestik, Mimik und sanfte Berührungen die Ausschüttung ‚positiver' neuroaktiver Substanzen, wie etwa endogener Opioide, Serotonin und Oxytocin, auslösen können."[57] Das Oxytocin, bekannt als „Kuschelhormon", wird in unterschiedlichen Situationen freigesetzt: bei der Geburt eines Kindes, beim Saugen an der mütterlichen Brust, beim Berühren der Haut, bei sexuellen Aktivitäten, bei emotionalen sozialen Interaktionen. Es kann, nach Roth, auch durch bloße Erinnerung an eine solche Situation freigesetzt werden.[58]

Was bewirkt die Oxytocinausschüttung? Sie verstärkt die Bindung zwischen Menschen, bewirkt Vertrauen, ermöglicht Empathie; vor allem die Beruhigung in Stresssituationen ist von großer Bedeutung. Oxytocin hat nach Carter eine große Wirkung auf die Regulierung von Emotionen, auf die emotionale Ausgeglichenheit, auf unsere Fähigkeit, sich mit Hilfe anderer Menschen in schwierigen Lebenssituationen zu stabilisieren und zu entwickeln. Was den Körper betrifft, sieht Carter sogar heilende Einflüsse auf entzündliche Prozesse und auf Heilungsprozesse des Gewebes. Oxytocin bewirkt ein Gefühl von Sicherheit, Geborgenheit und befördert die

Möglichkeit, einfühlend anderen Menschen nahe sein zu können, ohne Angst.[59] All das sind für Carter Hinweise, wie wichtig menschliche Bindungen sind, wie beeinträchtigend ihr Fehlen ist. Grundsätzlich befördert nach Carter das Oxytocin das menschliche Miteinander, die Freude daran, miteinander etwas gestalten zu können.

Interessant im Zusammenhang mit dem Altern ist, wie gesagt, die Feststellung, dass die Ausschüttung von Oxytocin auch durch die Erinnerung an Situationen erfolgt, in denen ursprünglich Oxytocin ausgeschüttet wurde, durch die Erinnerung an positive Bindungserfahrungen, an positive soziale Begegnungen. Und das ist es, was wieder belebt wird im emotionalen sich Erinnern, das mag der Grund sein, warum Menschen sich durch das Erinnern besser fühlen, vertrauensvoller, liebevoller, geborgener, kraftvoller. Das ist aber auch ein Grund, warum es sinnvoll ist, sich die liebevollen Situationen, etwa auch die erste Verliebtheit, wieder ins Bewusstsein zurückzurufen, einfach, weil es guttut. Damit werden nicht alle einverstanden sein: Es gibt Menschen, die gerade diese Situationen nicht erinnern wollen, weil sie befürchten, unzufrieden zu werden, etwa, weil diese Situationen der Zärtlichkeit aktuell nicht mehr bestehen. Das ist natürlich in vielen Fällen richtig, aber es ist wohl besser, sich die Oxytocinausschüttung über die Vorstellung zu holen, als sie gar nicht zu haben. Wenn die Theorien stimmen, dann müsste auch die Oxytocinausschüttung, die durch die Erinnerung erfolgt ist, bewirken, dass Menschen empathischer und sensibler miteinander umgehen, liebevoller zueinander sind. Vertrauen müsste wachsen.

Auf den Lebensrückblick bezogen regen diese Forschungen an, vermehrt auch Situationen der positiven sozialen Interaktionen zu erinnern, vor allem aber, sie zu markieren, wenn sie erinnert werden.[60] Und die positiven sozialen Interaktionen werden in den Geschichten erinnert, die erzählt werden.

So erzählt eine Frau auf die Aufforderung hin, sich an eine peinliche Situation zu erinnern, dass sie, weil sie zu schüchtern war zu fragen, ob sie auf die Toilette gehen dürfe, als Erstklässlerin auf den Boden gemacht habe. Großes Gelächter – sie wand sich vor Scham. Eine Mitschülerin holte ihren Turnbeutel und sagte: „Zieh doch deine Turnhose an", und sie wischte das Malheur auch auf. Das hat sie dieser Schulkameradin nie vergessen – und sie sieht heute noch den freundlichen, auch etwas mitfühlenden Blick auf sich ruhen.

In einer peinlichen Situation kann ein freundlicher Blick, hier noch verbunden mit erstaunlicher Lebenspraxis der jungen Schülerin, die psychische Situation total verändern. Die Mitschülerin hat geholfen, den Stress zu bewältigen.

Es geht darum, sich auf diese Situationen, die uns schon einmal gutgetan haben, uns vielleicht auch mit einer großen Freude erfüllt haben, zu sensibilisieren. Das sind Erinnerungen, die unmittelbar das Vertrauen in die anderen Menschen stärken. Die schlechten Erinnerungen sind von selbst präsent, die guten müssen wir kultivieren, und dann tut das uns aber auch gut.

Erinnerungen an quälende Begegnungen oder Beziehungen können im Gesamt der Erinnerungen an gute und schlechte Erfahrungen in ihrem So-Sein stehen gelassen werden. Es war so, es ist nicht mehr zu ändern. Werden diese Erfahrungen als schuldhaft erlebt, kann es auch zur menschlichen Würde gehören, dass man zu dieser Schuld steht, als einem Fakt: Wir haben etwas getan, das wir zutiefst bereuen, das aber nicht mehr aus der Welt zu schaffen ist. Vielleicht haben wir auch versucht, einiges wiedergutzumachen – das ändert aber nichts daran, dass wir nach unserem Ermessen weit hinter dem zurückgeblieben sind, was wir von uns erwartet haben und vielleicht immer noch erwarten. Die Würde besteht darin, nicht zu leugnen, was war, aber auch zu akzeptieren, dass man ein Mensch ist, der fehlen kann, der einen Schatten hat. Wenn solche schuldhaften Erfahrungen nicht akzeptiert werden können, sie die Menschen immer wieder quälen, dann ist eine therapeutische Begleitung angesagt. Es muss dabei nicht um eine lange Psychotherapie gehen, es können auch einzelne Probleme aufgearbeitet werden, die man selber nicht in sein Leben einordnen kann.

Persönliches und kulturelles Gedächtnis

Sich vergangene Erfahrungen des eigenen Lebens miteinander zu vergegenwärtigen, führt dazu, dass man sich auch individuell mehr erinnert. Von daher muss es zunächst gar nicht nur um das eigene Leben gehen, unsere Erinnerungen sind auch verbunden mit allem, was wir einmal gehört, gelesen, gesehen haben. Wir können uns erinnern an Werke, die wir gelesen haben, und daran, was sie uns bedeutet haben. Wir können uns aber auch aktuell in frühere Epochen der Menschheit einfühlen, lesen, was zum Beispiel die alten Philosophen vor 2000 Jahren gedacht und geschrieben haben, darüber nachdenken, uns fragen, was dieses Denken für uns jetzt, in der aktuellen Situation, persönlich bedeutet.

Auch die Menschheitsgeschichte mit den unendlich vielen kreativen Werken, die uns zugänglich sind in Büchern, Archiven usw. ist Teil unserer Geschichte – und wenn es die Kräfte noch zulassen, kann es unendlich bereichernd sein, sich mit Ideen zum Leben und Sterben, die andere schon niedergeschrieben haben, auseinanderzusetzen. Das bringt uns in Verbindung mit etwas, das unser Leben transzendiert, aber dennoch auch im Hier und Jetzt einen Einfluss darauf hat. Es geht ja beim Leben und Sterben nie nur um das eigene Ich. Ich lese z.B. sehr gerne Schriften von Seneca, und fühle mich ihm in gewisser Weise auch nah. Er interessierte sich unter anderem für Ähnliches, für das ich mich auch interessiere: für Emotionen, für existentielle Probleme, für Lebenskunst zum Beispiel. Was bringt es mir, ihn zu lesen? Ich fühle mich mit ihm – wie auch mit anderen Denkern und Denkerinnen – vernetzt, mein eigenes Leben wird ausgeweitet, es geht nicht nur um mich, überhaupt nicht, es geht um das Denken über Leben und Tod als solches, es geht um das Denken selbst, darum, wie Menschen schon immer gedacht haben. Diese Erinnerungen, ausgelöst durch Denker, Maler, Musiker – durch Menschen, die sich in irgendeiner Weise kreativ mit dem Leben, dem Glücken und dem Scheitern, den Hochgefühlen und der Verzweiflung auseinandergesetzt, dafür ein Bild, eine Sprache, Melodien gefunden haben, sind eine große Bereicherung jeden Lebens und weiten unsere Erinnerungen aus.

Aber auch bei diesen Erinnerungen geht es nicht nur um die Erinnerung an gute Erfahrungen, es geht auch um die menschlichen Sorgen, nicht zuletzt angesichts des Alters.

Vom Umgang mit den großen Sorgen

Selbstständigkeit und Abhängigkeit

Was wollen Menschen für sich im Alter, besonders für das Lebensende? Forschungen sagen: möglichst wenig Schmerzen, gute Beziehungen zu Freunden und nahen Menschen, mental klar bleiben, und niemandem zur Last fallen.[61] Praktisch alle alternden Menschen meiner Generation, und wahrscheinlich nicht nur meiner Generation, sehen als großes Schreckgespenst am Horizont den Verlust der Selbstständigkeit. Nun hat man sich ein ganzes Leben darum bemüht, selbstbestimmt zu leben, sich auch vorgemacht, dass das möglich sei – denn Selbstbestimmung, allen Widerständen zum Trotz, das verstehen wir unter Freiheit. Und so denkt man, könnte es dann weitergehen bis zum Schluss. Das ist die Wunschvorstellung. Eine gewisse Unabhängigkeit von äußeren Einflüssen bewirkt, dass man denkt, man könnte das Leben auch immer noch verändern, man habe noch einen Handlungsspielraum.

Selbstständigkeit, selbstbestimmtes Leben, Autonomie – all dies hat für heutige Menschen einen hohen Wert. Wir werden zur Selbstständigkeit erzogen, und was Eltern und Erzieher uns gelehrt haben, haben wir dann verinnerlicht. Äußere Anweisungen werden zu inneren Richtlinien und Werten: „Löse das Problem selber, wenn du es selber lösen kannst!" – „Denk selber nach, lass nicht irgendwo denken!" Die Wörter „Selbstverantwortung“, „Selbstsorge“ und andere Ausdrücke, die mit Selbstständigkeit und Selbstbestimmung verbunden sind, gehören zur heutigen Vorstellung von Erwachsensein und Reife. Selbst entscheiden zu können, nicht andere über sich entscheiden zu lassen, verbinden wir mit unserer Würde als eben einem selbstverantwortlichen Menschen.

Die Selbstsorge ist da schon etwas freilassender: Ich muss für mich selber sorgen können, dafür einstehen, dass ich die Grundbedürfnisse des Lebens, meines Lebens, erfüllen kann, so dass es mir gutgeht, dass ich eine gewisse Balance im Leben habe, auch in der Beziehung zu anderen Menschen. Diese können in die Selbstsorge miteinbezogen werden, und dennoch bleibt die Aufgabe: Ein erwachsener Mensch muss für sich selber sorgen können, auch in der Weise, dass er mit anderen Menschen so im Kontakt steht, dass für beide die Selbstsorge möglich wird: Selbstständig sein, die Selbstständigkeit nicht verlieren, und das mit Disziplin und Willen, bloß nicht abhängig werden! Ein wenig Hilfe, natürlich – aber so, dass ich selber entscheide, wann ich mir Hilfe hole, sie mir möglichst kaufe, um nicht dankbar sein zu müssen, nicht abhängig zu sein.

Wir machen uns, was unsere Selbstständigkeit angeht, große Illusionen. Es mögen protektive Illusionen sein, aber es sind Illusionen. Menschen sind nie nur selbstständig, sondern sie sind auch abhängig. Emotional sind wir abhängig von anderen Menschen, vom Anfang des Lebens bis zu unserem Ende. Unser Überleben hängt von sozialer Interaktion, von sozialem Zusammenspiel und auch sozialer Intelligenz ab. Dazu gehört

Abhängigkeit, die alltägliche Abhängigkeit von Menschen, die uns wahrnehmen, freundlich oder weniger freundlich begegnen; besonders abhängig sind wir aber von Menschen, die wir lieben. Abhängig sein – aber Abhängigkeit auf Gegenseitigkeit – gehört zu unserem sozialen Leben, macht unser soziales und unser Liebesleben aus. Wir sind alle Knoten und Verbindungen in einem Netz von Abhängigkeiten, verlassen uns darauf, dass andere auch zuverlässig sind, dass wir uns auf sie verlassen können und sie uns nicht verlassen. Wer nicht zuverlässig ist, ist ein Problem.

Aber es geht eben um gegenseitige Abhängigkeit – befürchtet für das höhere Alter wird die einseitige Abhängigkeit, die Situation, selber nichts mehr zu diesem Beziehungsnetz beitragen zu können, zumindest niemals in der Art wie früher, und dadurch anderen zur Last zu werden, nur noch zur Last. Hat man dann überhaupt noch eine Daseinsberechtigung? Es gilt sich zu fragen: Verbirgt sich hinter dieser großen Sorge, eine Last für andere zu werden, die Befürchtung, mit sich selbst, wenn man sich zur Last wird, nicht umgehen zu können? Ich selbst bin mir dann eine Last – und wie gehe ich damit um? Nun kann man sich ja bereits vorstellen, dass man anderen zur Last fällt, lange bevor dies tatsächlich der Fall ist. Es gibt dann aber auch die Situationen, in denen die alten gebrechlichen Menschen für die, die für sie sorgen, wirklich eine Last sind, manchmal eine liebe Last, manchmal aber auch eine Last, die kaum mehr zu tragen ist, trotz aller Möglichkeiten zur Hilfe bei der Pflege.

Die Befürchtung, eine Last zu werden, haben wir in

unserem Leben meistens dann, wenn wir noch gar keine Last sind. Es ist eine Befürchtung und ein Unbehagen, auf die Zukunft bezogen, verbunden mit der Sorge und der Fantasie, dann einmal eine abhängige Last zu werden. Abhängigkeit kann man sich nur im Zusammenhang mit einem anderen oder etwas anderem vorstellen – es ist ein Beziehungsbegriff.[62] Und in Beziehungen stehen wir ja immer. Deshalb üben wir auch ein ganzes Leben lang im Bereich der Abhängigkeit ein angemessenes Verhalten. Es gibt Formen der Abhängigkeit, die unerwünscht sind: Wir können etwa einem anderen Menschen ganz und gar zur Last fallen oder von ihm so abhängig sein wie von einem Suchtmittel. Befürchten wir, in dieser Weise im hohen Alter abhängig zu werden? Diese Abhängigkeit wäre natürlich schwer zu ertragen. Aber es gibt immer wieder Situationen der Schwäche, der Krankheit, in denen wir von anderen Menschen abhängig und auch dankbar dafür sind, dass andere uns aufhelfen oder hindurchhelfen. Nur: Auch nach einer schwereren Krankheit werden wir in jüngeren Jahren wieder gesund, wieder unabhängiger, können uns erkenntlich zeigen. Im hohen Alter ist nicht mehr an eine grundlegende Veränderung der Situation zu denken.

Und trotzdem nicht nur eine Last sein? Oder eine Last sein dürfen? Für Menschen, für die der Generationenvertrag noch Geltung hatte oder gilt, sind hier die Schwierigkeiten viel geringer. So konnte meine alte, gebrechliche, früher sehr eigenständige Mutter erklären, sie brauche jetzt halt Hilfe, sie habe auch für ihre Mutter und ihren Vater gesorgt, als sie nicht mehr für sich selbst sorgen konnten. Für sie war es in Ordnung, Hilfe anzunehmen, als sie diese Hilfe auch dringend brauchte, das war im Leben einfach so vorgesehen, brauchte keine längere Diskussion. Die Unselbstständigkeit gefiel ihr dennoch nicht, und die Selbstbestimmung forderte sie bei Bedarf vehement ein.

Der „Generationenvertrag“ in dieser Form wird in unserer mobilen Welt nicht mehr eingehalten, kann nicht mehr eingehalten werden. Sicher: Die meisten „Kinder“, die oft schon selber im frühen Alter stehen, sorgen sich um ihre gebrechlichen, Hilfe benötigenden Eltern. Es ist noch einmal eine Aufgabe für die Nachkommen, diese in ihrer letzten Lebenszeit zu begleiten, und die meisten möchten, dass es ihren Eltern so gut geht wie eben möglich. Und da beginnen dann die Probleme: Wer hat Raum und Zeit, um einen Elternteil bei sich aufzunehmen? Und auch von den Alten her kommt Einspruch: „Das will ich dann auf gar keinen Fall.“ So tönt es in der Zeit, in der umfassende Betreuung noch nicht nötig ist; kommt aber der gefürchtete Tag, dann können die Wünsche sich ändern. Mit der größeren Abhängigkeit werden auch die Beziehungseigentümlichkeiten der früheren Jahre wieder aktiviert, auch mit Geschwistern. Man kann sich darüber ärgern oder die Probleme als Chance sehen, sich noch einmal damit auseinanderzusetzen. Hilfreich ist es, wenn alte Menschen sich rechtzeitig Gedanken machen, wie und wo sie die letzte Zeit ihres Lebens verbringen wollen und das auch mit Angehörigen und Freunden bereden und diskutieren.

Das Problem mit der Abhängigkeit ist die eine Seite des Problems. Die andere ist der zunehmende Verlust der Selbstständigkeit. Das ist nicht nur ein Problem des nicht einseitig Abhängig-werden-Wollens, es gehört zur Identität und zur Würde des Menschen, eine gewisse Selbstbestimmung aufrechtzuerhalten. Es gehört zu unserer Integrität, dass wir so viel Selbstständigkeit wie möglich bewahren.

Diese Selbstständigkeit mag dann etwa darin liegen, dass eine Frau, die lange an Krebs gelitten hatte, eines Tages sagte: „Jetzt ist es genug!", und weitere Behandlungen nicht mehr haben wollte.

Diese letzte Selbstständigkeit kann auch von außen noch gefördert werden, indem man den Sterbenden oder die Sterbende fragt, wie denn ein guter Tag noch aussehen könnte, und hilft, einen solchen Tag oder solche Tage zu gestalten.

Dennoch bewirkt der Verlust der Selbstständigkeit, dass man abhängig wird. Dieser Diskurs macht sich fest an den Fragen danach, wie man im sehr hohen Alter, wenn man es denn erreicht, leben will. Dieser Diskurs hat auch dazu geführt, dass es unterdessen viele mögliche Formen des Wohnens gibt, wenn man nicht mehr für sich allein leben kann. Das Schreckgespenst, dass man dann die ganze Autonomie verliert, aufstehen muss, wenn alle aufstehen, essen muss, wenn alle essen, schlafen muss, wenn alle schlafen, ist heute zwar etwas gebannt, wabert aber dennoch durch die Gespräche, verbunden mit Befürchtungen, dann vielleicht nur technisch korrekt behandelt zu werden, alles zwar perfekt dokumentiert, aber nur noch selten eine verständnisvolle Hand, selten ein warmer Blick. Der Irrtum in diesen Vorstellungen ist: So wie man beim Blick auf frühere Verfehlungen in der Gefahr ist, sie vom Jetztzeitpunkt aus zu bewerten und zu beurteilen – obwohl man damals ein anderer Mensch war, jünger, mit weit weniger Lebenserfahrung und vielleicht auch einem anderen Energiehaushalt, diese Verfehlungen also in ganz anderen Lebenszusammenhängen entstanden sind –, wird das Pflegeheim aus dem Jetztzustand heraus antizipiert, aus einem Zustand, wo noch viel Selbstständigkeit möglich ist, Selbstbestimmung noch ein bestimmender Wert ist. Doch zwischen dem Jetzt und dem Pflegeheim gibt es noch viele Möglichkeiten, die durchaus ins Auge gefasst werden müssen. Wie möchte man leben, wenn man nicht mehr selbstständig leben kann, was möchte man noch selber bestimmen können, wenn es denn geht? Die Sprache verrät es: Man ist dann eben nicht mehr selbstständig. Wie bei der Abhängigkeit gibt es natürlich auch hier Abstufungen, aber die Selbstständigkeit wird immer weniger werden, sie endet beim Tod.

Der alternde Körper

Der Verlust der Selbstständigkeit geht vom alternden Körper aus. Das ist unser aller Schicksal. Unser Körper ist schon immer unser Schicksal. Ob Mann oder Frau, widerstandsfähig oder anfällig für Krankheiten, groß oder klein, dick oder dünn, klug oder etwas begriffsstutzig – darauf haben wir keinen oder nur ganz wenig Einfluss. Wir sind unser Leib: Ohne Körper sind wir nichts. Wenn wir Menschen einander begegnen, tun wir das als leibliche Wesen – besonders deutlich ist dies in unseren sexuellen Begegnungen, aber auch ganz grundsätzlich: Wir nehmen einander wahr in unserer leiblichen Präsenz, auch unsere Stimmungen, unsere Gefühle, drücken sich im Körper aus. Mit unserem Leib werden wir gesehen und sehen wir die anderen. Nicht mehr gesehen zu werden, würde dann bedeuten, dass man niemand mehr ist. Und das befürchten manche ältere Menschen: nicht mehr ansehnlich zu sein, aber auch gar nicht mehr wahrgenommen zu werden.

Nicht mehr ansehnlich – das ruft die Frage hervor, wie wir mit unserem alternden Körper umgehen und wie wir ihn akzeptieren können. Wir alle haben eine spezielle Beziehung zu unserem Leib, die sich auch im Laufe eines Lebens verändern kann. Solange unser Körper funktioniert, wie wir das von ihm erwarten, solange er ansehnlich ist, so, wie wir es uns vorstellen, solange sind wir mit „uns" zufrieden, denken wir auch nicht weiter über ihn nach, denn wir können uns selbst ja nicht anders vorstellen als dass wir ein körperhaftes Wesen sind. Unser Leib ist auch ein wesentlicher Aspekt unserer Identität. Wie wir uns fühlen – lebendig, vital, eben noch als junge Alte heute –, das hat auch mit dem Körpergefühl zu tun.

Identität entsteht aber nicht nur aus meinem Körpergefühl und aus meinen Vorstellungen über mich selbst, sondern auch daraus, wie wir von außen gesehen werden, welche Identität uns auch von außen zugeschrieben wird.[63] Wie werden wir von außen gesehen? Werden wir überhaupt noch gesehen? Und da kann das Verhältnis dann schon kompliziert werden: Entspreche ich dem gängigen Schönheitsideal – für ältere Menschen? Muss ich überhaupt noch einem Schönheitsideal entsprechen? Mit diesen Fragen beschäftigen sich Frauen längst vor dem dritten Lebensalter. Veränderungen am weiblichen Körper werden viel früher im Leben und wesentlich stärker wahrgenommen und benannt als beim männlichen Körper – von den Männern, aber auch von den Frauen selbst, die sich immer wieder einverstanden erklären müssen mit ihrem Körper, wollen sie nicht unglücklich werden oder die Schönheitschirurgie bemühen. Männer haben es da besser, denken wir an den Gedichtanfang eines Altersgedichts von Goethe: „Ein alter Mann ist stets ein König Lear…“ Und eine alte Frau?

Grundsätzlich gilt: Je schlechter das Selbstwertgefühl, je weniger Menschen sich in zwischenmenschlichen Beziehungen sicher fühlen, desto mehr wird der Grund für Schwierigkeiten im Körper gesucht, im Aussehen, im Fitnessstand, in der Gesundheit. Natürlich ist es wunderbar, einen schönen Körper zu haben, einen Körper, den man gerne mag. Für die meisten geht es aber doch darum, sich selber – auch körperlich – so akzeptieren zu lernen, wie man ist. Die Problemzonen also nicht einfach wegzudenken oder wegzuoperieren, sondern sich damit anzufreunden, als ein Zeichen dafür, dass wir Menschen nie perfekt sein können, dass es menschlich ist, Problemzonen zu haben, und das nicht nur körperlich! Beim Altern verändert sich der Körper aber nun deutlich: Wir nehmen vor allem an den anderen wahr, dass sie altern. Das fällt uns vor allem auf, wenn wir jemanden lange nicht mehr gesehen haben; wir erschrecken ein bisschen und fragen uns: „Sehe ich auch so alt aus?"

Kann ich mich anfreunden mit meinem alternden Körper, mit den immer mehr werdenden Runzeln und Falten? Eigentlich hat man sich im Laufe des Lebens ja stetig daran gewöhnen können – man ist stetig etwas älter geworden. Und in unserer Vorstellung haben wir auch die Bilder von alten Menschen, mit denen wir aufgewachsen sind. Schöne Gesichter, gezeichnet vom Leben, und dennoch zufrieden, mit noch hellwachen Augen, oder aber mit Augen, die schon weit weg schauen, wenn sie überhaupt noch schauen. Abgearbeitete Hände, wunderschön. Es gibt sehr schöne Bilder von alten Menschen. Seneca wurde sein Alter schlagartig bewusst in Analogie zu seinem Landgut, von dem er fand, die Kosten für das baufällige Haus seien zu hoch. Sein Verwalter wies ihn darauf hin, es sei nicht mangelnde Sorgfalt für den Zustand des Hauses verantwortlich – es sei einfach alt.[64] „Ich verdanke meinem Anwesen vor der Stadt, dass mir mein Alter, wohin immer ich mich gewendet hatte, deutlich wurde. Umarmen wir es und lieben wir es: erfüllt ist es von Genuss, wenn du es zu nutzen weißt."[65]

Es sind spezielle Lebenssituationen, die uns auch aufwecken, wenn uns jeweils bewusst wird, dass wir altern, dass wir sterblich sind. Gewiss, man kann sich mit dem Alter anfreunden, man muss sich mit dem Alter anfreunden, aber man muss auch immer wieder einmal genau hinsehen. Und: Werden wir noch wahrgenommen? Oder anders formuliert: Zeigen wir uns noch? Nicht einfach wahrgenommen werden als demografisches Problem, sondern als einzelne Menschen, die noch etwas beizutragen haben, das ist ein Wunsch. Und dafür müssen wir etwas tun, tun die Älteren auch schon sehr viel. Es geht nicht darum, sich zu beklagen, dass die Jüngeren uns übersehen, sondern es geht für jeden Einzelnen, jede Einzelne darum, sich zu überlegen, womit er oder sie noch sichtbar sein möchte.

Zum Altern gehört die Erfahrung, dass nicht mehr alles so geht wie vorher. Harmlos zunächst: Man kann eine fest zugedrehte Wasserflasche ohne Hilfe nicht mehr aufmachen. Hilfen dazu werden im Supermarkt angeboten. Man kann nicht mehr so rasch gehen. Darauf wollen sogar die Schweizerischen Bundesbahnen SBB mit verlängerten Umsteigezeiten Rücksicht nehmen. Wesentlich einschneidendere, ernsthaftere Beeinträchtigungen können auftreten – überraschend –, wenn man mit gar nichts rechnet. „Der unberechenbare Weggefährte“[66], nennt Sven Kuntze seinen Körper.

Für mich ist der Körper nicht einfach ein Weggefährte, er ist mein Leben, mein Leib – und ich hoffe, dass er so altert, dass ich damit umgehen kann. Am meisten fürchte ich den Verlust der kognitiven Fähigkeiten, und der immer wieder vorgebrachte Einwand „Wer sich intellektuell so betätigt, wird nicht dement“, den lasse ich milde lächelnd stehen. Natürlich hoffe ich das auch, aber ich weiß, es gibt Gegenbeispiele, etwa Walter Jens, dessen Leiden immer wieder einmal auch öffentlich gezeigt wurde. Man kann sich auf nichts wirklich verlassen, und deshalb muss man die Dinge nehmen, wie sie kommen, und dann eben flexibel mit ihnen umgehen.

Natürlich ist es wichtig, dass wir sorgsam mit diesem Körper umgehen, wir haben wirklich nur den einen. Gewiss, wir bewegen uns mehr als früher, im Moment wird die Bewegung ja geradezu als Allheilmittel gepriesen. So steht in einer Bildunterschrift in einem Artikel in der Zeitschrift *Der Spiegel*: „Dem geistigen Abbau davonlaufen."[67] Wenn das so leicht ging, wäre das wunderbar! Wir essen vielleicht auch gesünder als früher. Das alles lässt uns aber nicht vor Überraschungen im Umgang mit uns selbst gefeit sein. Wir mögen in der heutigen Zeit denken, dass wir auch unseren Körper beliebig verändern können, dass es gelingen kann, unsere Biologie auszutricksen – letztlich nützt es aber alles nichts: Wir werden sterben. Es ist unser Schicksal.

Je weniger Menschen an das Schicksal glauben, desto mehr wird alles, was geschieht, eine Frage der Selbstverantwortung und des selbstständigen Tuns, Gestaltens, Entscheidens. Zu altern und zu sterben ist aber Schicksal. Das Altern und der Tod sind hinzunehmen, wir haben uns damit auseinanderzusetzen, nicht nur, indem wir sie so lange wie möglich hinausschieben, sondern auch, indem wir uns mit Altern, Hinfälligkeit, Abhängigkeit wirklich auseinandersetzen. Und da es ein Problem ist, das alle betrifft, muss auch von allen darüber gesprochen werden. Das findet heute auch statt, indem sogar darüber diskutiert wird, wie man zu einem selbstbestimmten Tod, einem selbstverantworteten Sterben steht, wie Hans Küng es nennt.[68] Sterbehilfe sieht er als „ultimative Lebenshilfe", als Möglichkeit, das Selbstbestimmungsrecht bis zuletzt auszuüben. „Wenn es an der Zeit ist, darf ich, falls ich es noch kann, in eigener Verantwortung über Zeitpunkt und Art des Sterbens entscheiden. Wenn es mir geschenkt sein sollte, möchte ich gerne bewusst sterben und mich menschenwürdig von meinem Leben verabschieden.“[69]

Für Küng ist unsere Langlebigkeit schon lange nicht mehr der Natur, sondern den Fortschritten der Medizin zu verdanken, also müssen wir auch bewusst mit dieser Langlebigkeit umgehen. Es ist „eine zusätzliche Periode, die aber nicht einfach von Gott geschaffen worden ist. Die ist von Menschen geschaffen worden. Und jetzt ist die Frage: Wie lange muss ich das durchhalten? Muss ich alle Pillen schlucken?“[70] Fragen über Fragen! Und diese Fragen werden heute diskutiert, naturgemäß kontrovers. Und es entstehen Gewissensdilemmata unterschiedlicher Art, aufgelöst werden können sie wohl kaum.

Diese Form der Freiheit zur Selbstbestimmung wird natürlich unterschiedlich beurteilt, von meiner Generation aber doch eher positiv, als Freiheit zur Selbstbestimmung – und unter dieser Fahne haben wir wohl auch gelebt. Im Gespräch wird das oft so ausgedrückt: „Eine solche Möglichkeit im Notfall zu haben, wäre gut – wenn man denn den guten Augenblick nicht verpasst. Aber besser wäre es, man würde gar nicht in die Situation kommen, darüber nachdenken und entsprechend handeln zu müssen.“ Und wann ist der gute Moment? Die Angst vor der Freiheit meldet sich.

Dankbarkeit als Gegengewicht

Wir werden unselbstständig in der Bewältigung des Alltags, brauchen Hilfe, werden davon abhängig, dass wir die Hilfe bekommen, möglichst eine liebevolle Hilfe von Menschen, die Zärtlichkeit für die Gebrechlichkeit des alten Menschen aufbringen können. Wir sind immer von anderen Menschen abhängig, wie schon gesagt, aber die Abhängigkeit auf Gegenseitigkeit, die glückliche Abhängigkeit in der Liebesbeziehung, in der man gerne voneinander abhängig ist, weicht hier einer notwendig gewordenen Abhängigkeit, die nur noch teilweise als Gegenseitigkeit gesehen werden kann. Aber auch da kann man sich täuschen:

Eine 60-Jährige sagt von der Beziehung zu ihrem Mann, der nach verschiedenen Schlaganfällen weitgehend von ihr abhängig ist, sie müsse jetzt alles selber machen, ohne ihn, mit Hilfe von anderer Seite natürlich, und das sei hart. Dennoch: Dass er noch da sei, sie immer wieder zwischendurch auch liebevoll ansehe, das gebe ihr etwas. Natürlich ist das keine Gegenseitigkeit mehr, wie das früher war, und dennoch: Sie will ihn lieber so haben als überhaupt nicht.

Diese Haltung kann natürlich nicht generalisiert werden, andere mögen anderes erleben. Wenn wir einen so heftigen Widerwillen dagegen haben, einseitig abhängig zu werden, obwohl wir vernünftigerweise wissen, dass das nicht zu vermeiden ist – womit hängt das zusammen? Geben wir uns insgeheim nur dann einen Wert, wenn wir dem anderen Menschen noch etwas geben, etwas zurückgeben können? Ist das noch ein Teil des Nützlichkeitsdenkens, von dem das Alter eigentlich befreit sein könnte? Oder können wir nicht dankbar sein, nicht wirklich dankbar?

In der Dankbarkeit freuen wir uns über das, was ist oder war, und nicht über das, was nicht ist. Sind wir dankbar, dann ist etwas außer uns Grund unserer Freude: Etwas, das uns beglückt, tief erfreut, ein anderer Mensch, glückliche Umstände – und in der Dankbarkeit teilen wir diese Freude wieder dem anderen mit und vergrößern damit seine oder ihre Freude. In der Dankbarkeit anerkennen wir den anderen Menschen in seinem Tun auch als eine Quelle der Freude – und gönnen ihm seine eigenen Freuden. Gönnen kommt aus der Dankbarkeit.

Dankbarkeit zeigen wir dann nicht, wenn wir keinesfalls in der Rolle eines Menschen sein wollen, der oder die zu danken hat. Steht unser Stolz vor der Dankbarkeit? Würde die Dankbarkeit gerade der Beweis dafür sein, dass man abhängig ist, die Hilfe braucht? Beim Umgehen mit hilfsbedürftigen Menschen ist Dankbarkeit ein wichtiges Thema: „Wenn er wenigstens ein wenig dankbar wäre!" Oder anders: „Er ist so dankbar, das macht es einfach." Wenn die Abhängigkeit akzeptiert werden kann, und damit die Sterblichkeit, das Zugehen auf den Tod, dann kann Dankbarkeit für die Hilfe ausgedrückt werden – und das ist offenbar das, was von der Gegenseitigkeit noch geblieben ist, noch möglich ist.

Es wäre wohl sinnvoll, sich schon früher im Leben mit der Fähigkeit zur Dankbarkeit auseinanderzusetzen. Wenn allerdings das Streben nach Autonomie, nach Selbstständigkeit zu sehr im Vordergrund steht und das Streben nach verlässlichen Bindungen eher vernachlässigt wird, wenn immer mehr in instrumentellen Beziehungen gelebt wird, in denen man eben miteinander den Alltag bewältigt, auch miteinander Sex hat, aber nicht wirklich emotional miteinander verbunden ist, dann wird nicht gesehen, dass Menschen voneinander abhängig sind und dass dies zum einen die Geborgenheit im Leben gibt, zum anderen aber auch zeigt, dass man nicht alles allein machen kann. Das heißt aber, dass es auch bei Bindungen um zwei selbstständige Menschen geht, die sich meistens aufeinander verlassen können.

Mitsorgende und Mittragende

Wie erleben wir es von außen, wenn jemand im eigenen Beziehungsnetz unselbstständiger wird, Hilfe braucht? Es fällt über längere Strecken gar nicht auf, weil man ja immer einander geholfen hat, einmal mehr, einmal weniger. Und dann wird es immer mehr. Solange die Kräfte der Helfenden reichen, kann das als erfüllend erlebt werden. Man kann einem anderen Menschen beistehen. Wenn etwas nervt, dann das, was schon immer genervt hat: die Eigenheiten, mit denen man schon immer Mühe hatte, und die werden im höheren Alter in der Regel nicht weniger. Allerdings: Da kann der alternde Mensch plötzlich nicht mehr, was er bis jetzt fraglos gekonnt hat, da kann man schon einmal unwirsch reagieren und sich insgeheim denken, da sei

Bequemlichkeit im Spiel. Kann ja auch sein, aber öfter erschrecken wir darüber, dass sich das Altern in Kaskaden ereignet, dass gewisse Dinge wirklich plötzlich nicht mehr möglich sind – das Ende rückt näher, unser eigenes auch. Aber allein die Tatsache, dass jemand Hilfe braucht, belastet wenig, allenfalls dann, wenn man ebenfalls nicht abhängig werden will und sich deshalb nicht mit weiteren Menschen zusammenschließt oder die instrumentellen Hilfen organisiert, die es gibt. Wer eine ausgeprägte Helferpersönlichkeit ist, wird sich übernehmen und leiden. Das kann man aber nicht dem Menschen anlasten, der Hilfe braucht.

Fehlende Dankbarkeit allerdings erschwert die Beziehung: Wird Hilfe nicht erbeten, sondern eingefordert, wird sie für selbstverständlich gehalten, oder wird jede Hilfe gar kritisiert, dann wird das Helfen zu einer Last. Gerade Menschen, die so sehr Angst davor haben, abhängig zu sein, zu einer Last zu werden, wenn andere ihnen helfen müssen, gerade sie haben manchmal eine etwas schwierige Art, ihre Bedürfnisse zu formulieren, weil sie vor sich selbst eigentlich gar keine Bedürfnisse haben dürfen, aber dennoch darauf angewiesen sind, dass diese Bedürfnisse befriedigt werden. Darf man jetzt um Hilfe bitten? Soll man sich helfen lassen? Oder besser doch nicht? Wer dieses Dilemma noch ausdrücken kann, dem oder der kann geholfen werden. Wir kennen alle dieses Dilemma, aber wir müssen – das Leben verlangt es im Alter – anerkennen, dass wir die Hilfe brauchen, bekommen und dafür auch dankbar sein können, wenn jemand da ist.

Aber wie viel Hilfe? Zu viel Hilfe kann ebenso schädlich sein wie zu wenig Hilfe. Angemessen helfen. Aber was ist das? Das feinfühlige Begleiten, der freundliche Blick auf den anderen Menschen, das Wahrnehmen der eigenen Emotionen können helfen, angemessen – auch uns selber angemessen – zu helfen. Aber letztlich wird es dann doch auch das Gespräch darüber sein: Was möchte der alte Mensch – und was kann man ihm in dieser Situation geben? Und dieses Gespräch braucht Zeit, Zeit, die man vielleicht dann einspart, wenn man im richtigen Sinne hilft.

Aber so richtig schwierig scheint mir dies alles noch nicht zu sein. Wirklich schwierig wird es, wenn einem die Patientenverfügung zugesteckt und anvertraut wird, was ihm oder ihr am Ende wichtig ist. Man kommt in die Rolle, am Ende vielleicht wesentliche Entscheidungen treffen zu müssen. Und alle Bedenken, die man eh schon in Bezug auf die Patientenverfügung hatte, werden aktiviert. Gewiss, es ist sinnvoll, eine Patientenverfügung zu haben. Aber fühle ich dann, wenn sie zu Rate gezogen wird, immer noch so, wie an dem Tag, an dem ich sie verfasst habe? Und wenn es nicht um mich geht, sondern um einen geliebten Menschen: Wie entscheide ich dann, wenn ich doch entscheiden muss? Das ist der Extremfall des Übernehmens von Verantwortung für das Leben eines anderen Menschen, und das kann zu großen inneren Konflikten führen. Vielleicht kann man diese im höheren Alter nicht mehr ertragen oder eben nur mit einer gesunden Distanz und mit einer gewissen Weisheit bewältigen.

Was wird besser im Alter?

„Um das kümmere dich, was durch Alter besser wird“[71], fordert Seneca. Und er empfiehlt, vom Körper zum Geist zurückzukehren – sich an ihm zu erfreuen, ihm aber auch immer wieder Pausen zu geben. Die Aufforderung, nicht immer nur an das zu denken, was im Alter nicht mehr geht, sondern die Perspektive zu wechseln, scheint mir wichtig zu sein, weniger das, was er dann anrät.

Also: Was bleibt, was wird vielleicht sogar besser im Alter? Was kann uns dann erfreuen? Etwas ist klar besser: Man muss nicht mehr so viel müssen und darf mehr dürfen – eine große Freiheit, wenn man sie denn zu nutzen weiß. Da öffnet sich eine weite Perspektive – auch wenn der verbleibende Horizont des Lebens nahekommt, gerade angesichts der kürzer werdenden Lebenszeit: Man ermächtigt sich selbst, den eigenen Vorlieben nachzugehen, dem nachzugehen, was einem jetzt noch wichtig ist. Was andere über das Leben angesichts des Todes sagen, kann wichtige Anregung sein, aber niemals ein Maßstab. Man hat Zeit dafür herauszufinden, was einem noch wichtig ist; zu tun, was einen erfüllt.

„Ich mache einfach weiter wie vorher, mit mehr Pausen, mit mehr Zeit für mich“, sagt eine Psychoanalytikerin. „Mir gefällt meine Arbeit mit Menschen, ich finde dieses Tun sinnvoll.“

Kreative Menschen, wie Marc Chagall, Pablo Picasso, Louise Bourgeois, Lee Krasner, Maria Lassnig und viele andere mehr[72], sind Beispiele dafür, wie man bis ins hohe Alter kreativ sein kann; sie sind einfach weiter schöpferisch tätig. Besonders interessant im Zusammenhang mit dem Thema Alter ist die Kreativität von Louise Bourgeois. Mit 83 Jahren begann sie erneut, sich mit der Mutter auseinanderzusetzen, und es entstanden die monumentalen Spinnen. Die Spinnenfrau macht ein Lebensgewebe, webt ihr eigenes Netz, kann es zerstören, aber auch wieder neu herstellen. Damit verbindet die Künstlerin das Lebensmotto ihrer Mutter: „I do, I undo, I redo“[73], „Ich erschaffe, ich zerstöre, ich schaffe neu“ – ein für sie positives Lebensmotto, für mich ein Lebensmotto, das mit abschiedlicher Existenz und der damit verbundenen Kreativität zusammengesehen werden kann.

Mit 81 Jahren hatte Louise Bourgeois begonnen, ihre „cells“, Zellen, zu konzipieren: Erinnerungsräume in Gestalt von Zellen, für sie persönlich, aber auch für alle Menschen. Auch diese Installationen, wie die Spinnen, sind überlebensgroß, vergittert, mit Fenstern versehen, und sie sind jeweils einem bestimmten Thema gewidmet. So heißt eine Zelle: „The Runaway“, die Wegläuferin, die Ausbrecherin.[74] Mit diesen innovativen Kunstwerken wurde sie in ihren 80ern und 90ern so bekannt und berühmt, wie sie zuvor nie war. In ihrem Tagebuch schrieb sie: „Die Macht der Integration, das Zusammenfügen, ist riesig, überwältigend – wenn auch flüchtig. Man kommt einem Bedürfnis nach – bist du noch ganz? Ja, das bin ich. Ich bin ein Puzzle mit all meinen

44 Teilen“[75]. Integration, wohl ein Lebensthema von ihr, das aber immer wieder in ihrer Kunst Bedeutung hat und vielleicht auch für alte Menschen generell wichtig ist: Kreativität hält die Persönlichkeit zusammen, gibt ihr eine sicht- und spürbare Identität.

Interessant ist auch die Beziehung von Louise Bourgeois zum Unbewussten: „Der Künstler verfügt über eine Gabe [...]. Es ist die Gabe, mit dem eigenen Unbewussten in Einklang zu stehen und ihm zu vertrauen, die Fähigkeit, das Bewusste unmittelbar kurzzuschließen und einen direkten Zugang zu den tieferen Wahrnehmungen des Unbewussten herzustellen. Das ist eine Gabe, denn eine solche Bewusstheit hilft, sich selbst zu erkennen, vor allem die eigenen Grenzen.“[76] Vom Unbewussten sagt sie auch, es sei ihr Freund – die Kreativität hier auch als eine Verbindung zwischen dem Bewusstsein und dem Unbewussten, eine Balance zwischen Innen- und Außenwelt. Auch andere Formen der Kreativität kennen wir: Toyo Shibata, eine Japanerin, hat mit über 90 Jahren, nachdem sie nicht mehr tanzen konnte, damit begonnen, Gedichte zu schreiben, die sehr beachtet werden.

Dürfen, nicht müssen, darauf kommt es jetzt an. Vielleicht muss man dann doch auch ein wenig müssen, wenn man das, was man darf, begonnen hat – und es zu einem Ende bringen möchte. Aber man muss nicht, man kann etwas auch unvollendet lassen. Denkt man diesen Gedanken weiter, käme man jetzt, im höheren Alter dazu, wirklich das zu fühlen, zu tun, zu denken, was ganz aus einem selbst kommt, was aus dem Unbewussten aufsteigt: Interessen, die für lange Zeit im Hintergrund waren oder verdrängt worden waren, die sich jetzt zeigen dürfen; eine Chance, noch einmal man selbst zu sein, vielleicht mehr man selbst zu sein als bis jetzt überhaupt; soweit die Kräfte noch reichen, wirklich das eigene Leben leben. Und dieses Dürfen kann auch heißen, dass man sich endlich der Muße hingibt. Natürlich fällt man immer wieder in den Modus des Müssens zurück: Muss man nicht doch noch etwas Wichtiges im Leben verwirklichen? Man *darf* es verwirklichen, man *muss* nicht.

Der Fokus des Lebens im höheren Alter liegt eher auf dem Sein als auf dem Tun, mehr in der Gegenwart als in der Zukunft, da sind sich viele einig.[77] Angesichts von schwerer Krankheit, körperlichem Zerfall und immer größerer Abhängigkeit schrieb Marianne Schiess:

> „Es ist nicht nur die Zeit des Loslassens, es ist auch die Zeit des Übergangs vom Haben zum Sein, um mit Erich Fromm zu sprechen, die Zeit der Liebe zum Leben im Hier und Jetzt, ohne Streben nach Dauer. So manche schwierige Erfahrung kann ich in einem positiven Licht sehen und konstruktiv angehen, wenn ich sie unter der Metapher des Altwerdens verstehe."[78]

Der Übergang vom Haben zum Sein, das heißt, nicht ständig etwas anpeilen zu müssen, erreichen zu müssen, haben zu müssen, bekommen zu müssen – sondern die Gegenwart zu genießen, die Natur, andere Menschen. Und, folgt man den Forschungen von Carstensen und anderen Forscherinnen und Forschern, ist die emotionale Befindlichkeit und Stabilität der alten

Menschen bemerkenswert gut. Sie fühlen sich also wohl bei diesem Dürfen und Nicht-Müssen, dabei, einfach mehr im Dasein zu sein und nicht mehr nach so viel zu streben, obwohl ihnen der Tod bevorsteht. Und Gawande[79] fragt: Wenn man mit zunehmendem Alter eine Lebensqualität erreicht, die so befriedigend ist, warum hat man denn so lange gebraucht, um sie zu erreichen? Er selber gibt sich die Antwort: Zu dieser emotionalen Ausgeglichenheit zu kommen, ist wohl eine lebenslange Aufgabe. Carstensen meint, dass die Kürze des vor einem liegenden Lebens zu dieser Wendung in der Haltung führt. Vielleicht sind es auch Veränderungen im Gehirn, die das bewirken, wie wiederum andere meinen. Vielleicht ist Altern einfach das: Die Auseinandersetzung mit dem schwächer werdenden Körper, mit dem bevorstehenden Tod kann vielleicht nur dadurch bestanden werden, dass dieses relativ große emotionale Gleichgewicht gesucht und erreicht wird, wodurch auch deutlich wird, was einem noch wichtig ist für ein abgerundetes Leben. Es scheint, als ob die menschliche Natur Veränderungen bewirkt, die es wiederum ermöglichen, sich mit der Bewegung auf das Ende zu leichter abzufinden. Verbunden ist dieser Zustand aber auch mit einer Illusionslosigkeit: Man wird schwächer werden, man wird sterben.

Nicht mehr Haben, sondern Sein: Da beschreiben Menschen, wie sie Musik hören, selbstvergessen, mit der Musik verschmelzen. Wo sind sie dann? In der Musik – eben selbst-vergessen. Andere beschreiben Erlebnisse in der Natur: der Anblick eines Sonnenuntergangs – selbstvergessen. Früher hätte man ein solches Gefühl als kitschig bezeichnet, überhaupt, das ganze Getue mit den Sonnenuntergängen –, und plötzlich ist man gepackt von diesem Naturschauspiel. Das Lob des Wassers: Schwimmen kann man noch lange, wenn man es einmal gekonnt hat. Aber das Wasser wird plötzlich anders erlebt: eine Liebesbeziehung fast, eins mit dem Wasser zu sein und doch getrennt; die Wärme des Körpers, die durch das kalte Wasser erlebt wird. Das Lob der Sonne: Wie schön, einfach die Sonne auf dem Körper zu spüren.

Lob der Vorstellungskraft

Wir sind der Vorstellungskraft und ihrem Wirken in der Imagination[80] in den vorangegangenen Kapiteln immer wieder begegnet, vor allem im Zusammenhang mit dem Thema Erinnerungen. Dennoch möchte ich mich der Vorstellungskraft noch einmal explizit zuwenden.

Die Vorstellungskraft und die Vorstellungsbilder, die Fantasien und die wahrgenommenen Fantasien, die Imaginationen, gehören unabdingbar zum Menschen. Damasio, ein Neurowissenschafter, schreibt in diesem Zusammenhang: „Man könnte sagen, dass Vorstellungen die Währungen unseres Geistes sind.“[81] Das heißt aber auch, dass wir uns immer etwas vorstellen. Die Vorstellungen im Schlaf könnten dann als Traum wahrgenommen werden.

C. G. Jung, der sich intensiv mit dem Unbewussten, mit Imaginationen, Träumen und Bildern beschäftigt hat, formulierte es so: „Die Imagination ist die reproduktive oder schöpferische Tätigkeit des Geistes überhaupt, ohne ein besonderes Vermögen zu sein […]. Die Phantasie als imaginative Tätigkeit ist für mich einfach der unmittelbare Ausdruck der psychischen Lebenstätigkeit, der psychischen Energie, die dem Bewusstsein nicht anders als in Form von Bildern oder Inhalten gegeben ist […].“[82] In den Imaginationen zeigt sich unser mentales Leben, entweder in der Erinnerung oder im schöpferischen Tun.

Die Vorstellungen sind nicht ohne die sinnliche Wahrnehmung zu denken. Wir können die Welt in jeder Sinnesqualität wahrnehmen, sie sehen, berühren, riechen, schmecken, hören, sie mit der kinästhetischen Wahrnehmung in unserem Körper spüren, und davon haben wir jeweils auch eine Vorstellung. Die kinästhetische Wahrnehmung und die damit verbundenen Vorstellungen haben auch auf das körperliche Wohlbefinden einen Einfluss. Frank berichtet von einer Untersuchung zu einer „Ruderimagination“.[83] Verglichen wurde eine Gruppe, die real ruderte, die anderen ruderten in der Imagination. Die realen Ruderer fühlten sich „nach dem Rudern deutlich reaktions- und konzentrationsfähiger“, die nach der Ruderimagination „gepflegter, frischer und ruhiger: zudem waren sie mit ihrem momentanen Körperzustand zufriedener als nach dem realen Rudern“[84]. Man kann – und da gibt es unterdessen viele Untersuchungen auch im Bereich des Sports –, durch Imagination das körperliche Wohlbefinden und gewisse Bewegungsabläufe auch üben. Imagination bewirkt also nicht nur emotionale Veränderungen, sondern auch körperliche.

Unsere Vorstellungskraft ist biologisch in uns angelegt, wir alle haben sie, aber man kann sie natürlich üben und dadurch verbessern. Wollen wir unsere Vorstellungsfähigkeit verbessern, dann ist es hilfreich, sich mit wachen Sinnen in der Natur zu bewegen, die Welt aufmerksam sinnlich wahrzunehmen. Möglicherweise ist das ein Grund dafür, dass die Vorstellungsfähigkeit im Alter nicht abnimmt: Durch die Intensivierung der sinnlichen Wahrnehmung wird die Vorstellungskraft immer wieder neu angeregt. Alte Menschen nehmen die Natur besser wahr, schauen genauer hin, spüren den Wind, nehmen geschmeidige Bewegungen eines noch jungen Menschen wahr.

Aristoteles hat unterschieden zwischen den Vorstellungsbildern als Erinnerungsbildern, die wir unseren sinnlichen Wahrnehmungen verdanken, und den willentlich herbeigeführten Vorstellungen ohne unmittelbare äußere sinnliche Wahrnehmung, dem schöpferischen Aspekt der Vorstellung.[85] Manche Vorstellungen sind also getreue Abbilder der sinnenhaft wahrgenommenen Welt, manche sind mehr durch die Resonanz mit der Innenwelt bestimmt, wie sie sich etwa in den Träumen zeigen, ohne dass sie unmittelbar durch reale Erfahrungen angeregt werden, wohl aber durch das Gesamt der emotionalen Erfahrungen, die Menschen gemacht haben. Die amerikanische Malerin Joan Mitchell sagt dazu: „Ich male die Spuren, die die Natur in mir hinterlässt.“[86]

Sind diese Vorstellungen stark emotional betont, werden sie für uns bedeutsam. Zum einen dadurch, dass wir emotionale Zustände, für die wir ein Bild, eine Vorstellung finden, besser verstehen und daher dann auch regulieren können.

Die 92-Jährige sagt, ihr sei so beklommen zumute, ob wohl etwas mit ihrem Herzen sei? Ihr falle jetzt gerade immer das Lied ein: „Am Brunnen vor dem Tore". Und was verbindet sie damit? Abschied natürlich. Und dann fällt ihr ein, dass sie die Todesanzeige einer Bekannten gelesen hat. Jetzt ist sie vom Gefühl der Abschiedlichkeit, der Wehmut, des Gehenmüssens erfüllt, aber sie fühlt sich nicht mehr beklommen.

Aber auch alle unsere Pläne, Wünsche, Sehnsüchte sind mit Vorstellungen verbunden, die wir auch willentlich hervorrufen können. Sogar ohne große Willensanstrengung sind Vorstellungen immer vorhanden. Grüter[87] zitiert eine Forschung von Mason, die 2007 in *Science* publiziert wurde. Die Forscher fragten sich, was das Gehirn tut, wenn es nichts tut, wenn es also keine Aufgaben zu lösen hat. Sie fanden heraus: Die im Gehirn zu beobachtenden Erregungsmuster in Situationen, in denen kein Stimulus von außen erfolgt, entsprechen denen, die im Zusammenhang mit Zukunftsplanung oder persönlichen Erinnerungen aktiviert werden. Die Erklärung der Forscher: Wenn das Gehirn keine äußeren Aufgaben zu lösen hat, wendet sich die Aufmerksamkeit der inneren imaginären Welt zu. Diese scheint immer da zu sein, sie ist das, was wir das Unbewusste nennen. Aufgrund dieser Studie haben die Autoren robuste Belege dafür, dass dieses „Gedankenwandern" bzw. Tagträumen bei allen Menschen vorkommt, dass es biologisch begründet ist, in seiner Intensität von Person zu Person aber differiert. Und dieses Tagträumen, d. h. wenn wir uns unseren Fantasien bewusst zuwenden, können wir willentlich auch beeinflussen: Wir können uns entschließen, dass wir uns etwas Bestimmtes vorstellen wollen, dass wir uns auf unsere Vorstellungen konzentrieren wollen. Was uns dann so einfällt, ist immer noch recht geheimnisvoll und überraschend, denn oft entsteht in der imaginativen Tätigkeit das, was im Moment fehlt, z.B. für einen ausgeglicheneren Gemütszustand.

Diesen willentlich hervorgerufenen Vorstellungen möchte ich mich nun zuwenden. Es geht dabei um das Einbeziehen des Schöpferischen in Form der Imagination für die eigene Lebensqualität und für den Umgang mit den schwindenden Kräften und den Verlusten im Alter. Epikur (341–270 v. Chr.), ein sehr moderner Denker seiner Zeit, war der Ansicht, dass die allgegenwärtige Angst vor dem Tod die Ursache allen menschlichen Elends sei. Diese Angst, vor allem auch die maskierte Angst, wie sie sich etwa in übertriebener Geschäftigkeit oder großer Gier nach Macht zeigt, behindere die Freude. Diese Angst zu zerstreuen, und damit Seelenruhe zu erlangen, war ein wichtiger Gegenstand seiner Philosophie.

Auch für Epikur waren Imaginationen von großer Bedeutung. Von ihm ist ein letzter Brief an Idomeneus überliefert – wenn es denn wirklich der seinige war –, in dem er schrieb: „An diesem wahrhaft glücklichen Tag meines Lebens, der mein letzter ist, schreibe ich euch dies: Schmerzen durch Harnzwang und Ruhr folgen einander; sie haben eine solche Stärke erreicht, dass sie sich nicht mehr steigern lassen. All diese Schmerzen aber wiegt auf die Freude meines Herzens in der Erinnerung an die Unterredungen, die wir miteinander geführt haben."[88] Er war der Ansicht, man solle gute Erfahrungen während des Lebens sorgsam speichern, so dass man sie sich jederzeit wieder in Erinnerung, in die Vorstellung, rufen könne. Und für ihn werden sogar größte Schmerzen, wenn wir diesem Brief glauben dürfen, durch Erinnerungen an größte Freuden – sofern sie so gespeichert sind, dass sie in dieser von Schmerzen bedrängenden Situation noch abrufbar sind – aufgewogen. Dazu fähig zu sein, ermöglicht Gelassenheit in größter Bedrängnis, die Epikur so sehr anstrebte. Auch von Seneca gibt es Hinweise in eine ähnliche Richtung: Nachdem Seneca beschrieben hat, wie schwer das Schicksal des Menschen ist, dass man oft in Knechtschaft leben muss – manchmal in derjenigen Knechtschaft, die andere über einen ausüben, manchmal in der, die man selber über sich ausübt –, fügt er an: „Gewöhnen muss man sich daher an seine Situation, möglichst wenig über sie klagen und, was auch immer sie enthält an Vorteilhaftem, ergreifen: nichts ist so bitter, dass daran nicht ein gleichmütiger Geist Trost fände."[89]

Was kann man von den beiden Philosophen lernen? Eine Voraussetzung dafür, eine größere Gelassenheit im Alter zu erreichen, ist, dass wir angenehme, gute Erfahrungen im Laufe des Lebens überhaupt bewusst wahrnehmen und sie wertschätzen – sie aufbewahren wie Schätze im Gedächtnis –, und das gelingt besser, wenn man sie sich immer wieder einmal in Erinnerung ruft oder auch jemandem davon erzählen kann. Erinnerung z.B. an Situationen, in denen wir Schönheit erlebt haben, Situationen der prallen Fülle, der Zufriedenheit, des unerwarteten Neuwerdens nach beengenden Krisen, der Güte von Menschen, die uns in einer Not geholfen haben, Erinnerungen an Situationen, in denen man unverdient Glück hatte, großes Glück vielleicht, in der sich das Schicksal als günstig erwiesen hat. Diese Situationen sich wieder ins Gedächtnis rufen, sie emotional auszukosten, imaginativ auszumalen – das ist schöpferisch. Dazu gehört allerdings, sich nicht von schlechten Erfahrungen überwältigen zu lassen, diese wissend beiseitestellen – natürlich gibt es sie auch –, aber sich dennoch beharrlich den guten Erfahrungen zuzuwenden. Wegen der faulen Äpfel wird man sich nicht den Genuss der guten Äpfel verderben lassen! Das so zu sehen ist eine kreative Leistung. Man wendet sich also nicht den Fantasien der Besorgnis allein zu, dem, was alles schlechter wird, oder den daraus entstehenden Fantasien, alles noch kontrollieren zu müssen, es aber nicht mehr kontrollieren zu können. Man wendet sich vielmehr bewusst den Erinnerungen an gute Momente im eigenen Leben zu, trotz abnehmender Kräfte – trotz der Bewegung zum Ende hin. Es geht um eine wissende Kreativität. Es geht um die Entscheidung, welche Fantasien man nähren will, von welchen man genährt werden möchte.

Die Erinnerung an gute Erfahrungen

Eine ganz grundsätzliche Frage ist, ob wir die guten Erfahrungen während unseres Lebens in ihrem Gutsein auch wahrgenommen und dankbar in der Erinnerung bewahrt haben. Eher haben wir die schwierigen Situationen in unserem Leben präsent, sogar dann, wenn wir uns eigentlich damit schon längst ausgesöhnt haben. Wir behalten die schwierigen Erfahrungen im Gedächtnis als Entschuldigungsgrund dafür, dass wir nicht das geworden sind, was wir eigentlich nach unserer Vorstellung hätten werden müssen. Gute Erfahrungen, etwa die Dankbarkeit einem Lehrmeister gegenüber, der im entscheidenden Moment ein Machtwort sprach, kommen oft spät wieder in die Erinnerung zurück.

So sagte ein 80-Jähriger nachdenklich, sein Lehrmeister habe ihm ein gutes Leben ermöglicht, als er ihn – den 17-Jährigen, der stolz auf seine Fähigkeit war, sehr viel trinken zu können und am Rande des Gesetzes entlangzuschrammen – vor die Wahl gestellt habe: Entweder Lehre und nüchtern und anständig oder dann eben eine so elende Existenz, wie es ihm sein Vater vorgelebt habe. Damals sei er nur wütend gewesen auf seinen Lehrmeister, und er wollte ihm zeigen, dass er „Charakter" habe. Er sei dem Lehrmeister dann schon auch dankbar gewesen, aber jetzt sei er ihm noch viel dankbarer und bedauere, es ihm nicht mehr sagen zu können.

Gute Erfahrungen sind nicht notwendigerweise angenehme Erfahrungen: In einer bestimmten Lebenssituation – meist in einer existentiellen Schwierigkeit – wird man von einem anderen Menschen wahrgenommen und offen, aber mitfühlend angesprochen, oft sogar mit einem Hinweis, wie es denn weitergehen könnte oder aber wie es auf gar keinen Fall weitergehen darf. Man könnte gekränkt sein, aber da es eine tief menschliche Begegnung ist und man spürt, dass man dem anderen Menschen etwas bedeutet, werden Scham und Zorn einigermaßen kontrolliert, denn da ist auch viel Zuwendung. Solche Situationen nähren das Vertrauen ins Leben und in andere Menschen. Denn oft stammen die guten Erfahrungen nicht von den Menschen, die uns am nächsten sind und von denen wir diese guten Erfahrungen auch erwarten, sondern von Menschen, die einfach mit uns in Verbindung stehen, einen in einer ganz bestimmten Situation sehen und einem helfen wollen. Das ist ein großer Unterschied zu solchen Menschen, die – aus ihrer Sicht in bester Absicht – viele Ratschläge geben: Wenn sie einen dabei nicht wirklich sehen, dann sind diese unerbetenen Ratschläge keine Hilfe. Das aber ist eine Hoffnung auch für das spätere Alter: dass man immer wieder einen Fundus an guten Erfahrungen erinnert, die das Vertrauen in die Menschen fundieren, und so die Hoffnung nähren kann, dass solche Erfahrungen immer wieder möglich sind.

Vorstellungen zu verändern, bewirkt etwas – sie verändern unsere Stimmung, unsere Emotionen, unsere körperliche Erregung, sie können aber auch einen Einfluss haben auf unseren Körper, sie sind die Ideen, die wir entwickeln. Ich habe in diesem Buch immer einmal von protektiven Illusionen gesprochen, also Vorstellungen, die uns helfen, auch schwierige Situationen zu meistern. In diesem Zusammenhang finde ich die Placebowirkung (Placebo: „Ich werde gefallen") besonders interessant, weil hier eine Wirkung der Imagination als Erwartungsvorstellung bezogen auf die Materie, auf den Körper, nachweisbar ist: Man stellte fest, dass ärztliche Interventionen mit Medikamenten, auch wenn sie keinen für das Problem relevanten Wirkstoff enthalten, dennoch einen Effekt haben können.

Die Placebowirkung wird heute aber weit über die Effektivität von Medikamenten ohne entsprechenden Wirkstoff gesehen: Es geht nämlich auch um eine Intervention, die eine Arzt–Patienten-Beziehung voraussetzt. Die Placebowirkung ist viel komplexer als ursprünglich gedacht, sie bleibt deshalb aber nicht weniger geheimnisvoll. Neurowissenschaftler können mit den bildgebenden Verfahren die Placebowirkung im Gehirn zeigen. Die menschliche Vorstellungskraft, so Benedetti, kann „Mechanismen in Gang bringen, die jenen ähneln, die von Arzneimitteln aktiviert werden"[90]. Die Vorstellungskraft, die Imagination, kann eine Wirkung auf das Gehirn haben, sie kann also biologische Veränderungen im Körper hervorrufen. Die Forscher sahen im Positronenemissionstomografen (PET), dass ein Placebo die Ausschüttung des Botenstoffs Dopamin im Belohnungszentrum (Nucleus Accumbens) auslösen kann. Das Belohnungszentrum ist dann aktiv, wenn wir uns auf etwas Schönes freuen, wenn wir etwas Gutes erwarten. Die Menge des ausgeschütteten Dopamins korrelierte mit der Höhe der Erwartung, die an die Wirkung des Medikaments bestand.

Der Placeboeffekt hängt von der eigenen Erwartung ab, davon, ob wir Vorstellungen aktivieren können, die mit Hoffnung verbunden sind, statt mit Resignation. Erwartungen – und das sind Vorstellungen – können einen Einfluss haben auf den Körper. „Placebo" ist ein Begriff für die Kraft von vertrauender Erwartungsvorstellung, weit über die Wirkung von Medikamenten hinaus.

Wenn wir von positiven Erwartungen sprechen, dann gibt es natürlich auch die negativen Erwartungsaffekte. Man spricht dann vom „Noceboeffekt" (Nocebo: „Ich werde schaden"). Norwegische Forscher um Gunnhild Oftedal führten eine Studie durch zum Einfluss des Handys auf Kopfschmerzen. In 68 % aller Fälle klagten die Menschen über Beschwerden, ungeachtet dessen, ob die Handys eingeschaltet waren oder nicht. Die Symptome, so Oftedal, seien wohl von „negativen Erwartungen hervorgerufen"[91].

Die mögliche Wirkung von Placebos zeigt, dass die Erwartungshaltung als eine von der Hoffnung auf etwas Hilfreiches getragene Vorstellung Einfluss haben kann auch auf unseren Körper: Vorstellungen können verändert werden und sich verändern und auch Veränderungen im Hirn herbeiführen. Auch der Erfolg der Psychotherapie wird aktuell zu einem Teil mit einer Placebowirkung in Verbindung gebracht: Menschen erwarten zu Recht von einer Psychotherapie, dass sie durch eine hilfreiche therapeutische Beziehung in die Lage kommen, besser mit sich umzugehen, sich besser zu verstehen, mehr Sinn zu erfahren, Beziehungen besser zu gestalten und anderes mehr. Und dies insbesondere dann, wenn die Therapeutin von ihrer Methode überzeugt ist und deshalb auch auf den Patienten überzeugend wirkt. Auch unter Psychotherapie verändern sich Strukturen (nicht nur Prozesse) im Gehirn. Auch wenn wir „bloß reden", das Gehirn kann sich dadurch verändern.

Vertrauende Erwartung auf überraschende Prozesse

Wie wir die Welt sehen, wie wir unser Alter verstehen, welche inneren Bilder wir damit verbinden, aber auch, welche Freiheiten wir uns herausnehmen können, hat einen großen Einfluss auf die Entwicklung im Alter, aber auch auf die Bewältigung des Alltags. Darauf kommt es an: Vertrauen statt Kontrolle, obwohl man weiß, dass das Leben bald enden wird. Vielleicht auch einfach die Dinge mehr laufen lassen, weil die Kraft zum Kontrollieren fehlt. Aber gerade dieses Laufenlassen kann weise sein. Zu viel Kontrolle hemmt die natürlichen Regulierungsmechanismen. Natürlich ist es hier wie überall: Wissen, wann zu kontrollieren ist und wann man die Dinge laufen lassen kann – das könnte ein Aspekt von Weisheit sein.

Unsere inneren Bilder haben nicht nur einen Einfluss auf das psychische Wohlbefinden, sondern auch auf das körperliche – und sie haben auch Einfluss auf die zwischenmenschlichen Beziehungen. Wie viel schöner ist es doch, sich mit einem auch heiteren Menschen zu treffen als mit einem verbitterten! Aber wie kann diese Hinwendung zu positiven Bildern gehen, wenn man sie nicht schon eh ein ganzes Leben lang gekonnt und geübt hat? Wenn die Forschungen von Carstensen zutreffen und die Entwicklung des alten Menschen immer mehr dahin geht, dass positive und negative Emotionen nebeneinander stehen können, sich also nicht gegenseitig ausschließen, dann müsste es gerade auch im Alter möglich sein, dass lebensdienliche Vorstellungen, vor allem auch freudige Vorstellungen, immer mehr zugänglich werden, meditiert und entwickelt werden können, und dass das Wohlbefinden auch angesichts der Verluste und der körperlichen Einbußen gut bleibt. Forschungen der Positiven Psychologie, die anregen, positive Gefühle – wie Freude –, positives Verhalten und positive Gedanken wahrzunehmen, zu üben, sie aufzuschreiben, damit sie für den Alltag handlungsweisend wurden, zeigten, dass die Wirkungen dieser Übungen sich linear mit dem Alter verbesserten. Die Forscher meinen, dies hänge zum einen damit zusammen, dass die älteren Menschen die Übungen gewissenhafter machten als die Jüngeren, zum anderen aber vielleicht auch mit der größeren emotionalen Regulierungsfähigkeit im Alter, auf die Carstensen hinwies.[92]

Abschiedlich leben

Abschiedlich leben[93] ist eine Grundhaltung dem Leben gegenüber, das den Tod und damit ein Ende, ein immer wieder „Enden“, aber auch immer wieder den Neubeginn und damit auch immer wieder neu ein „Beginnen“ kennt und akzeptiert. Alles verändert sich, alles kann sich verändern, und wenn wir das abschiedliche Existieren als Haltung akzeptieren können, dann rechnen wir mit den unvorhergesehenen Veränderungen, den glücklichen und den schwierigen. Den letzten Triumph aber hat das Ende. Abschiedlich leben ist eine schöpferische Haltung, denn alles Schöpferische, indem es etwas Neues schafft, zerstört oder relativiert Altes. Das Leben angesichts des Todes wird intensiver, wenn wir bereit sind, immer wieder Abschied zu nehmen, auf Liebgewonnenes zu verzichten, loszulassen und immer wieder neu zu beginnen, uns neu auf das einzulassen, was kommt und was bleibt.

Sterblichkeit und Tod gehören unabänderlich zum menschlichen Leben, wir haben sie hinzunehmen, so schwer es uns auch fällt. Wehren wir den Tod ab, wird er zum Feind, er steht hinter oder vor uns als ständige Bedrohung und hindert uns daran, unser Leben frei zu gestalten und uns daran zu freuen; das Grau des Todes überzieht das Leben. Oder aber, wir identifizieren uns mit dem Tod, indem wir zerstörerisch sind, uns selber gegenüber und auch anderen gegenüber. Blickt der Mensch seiner Sterblichkeit ins Auge, wird deutlich, was wesentlich ist im Leben, was letztlich zählt.

Gerade in unserer Zeit versuchen Forscher, den Alterungsprozess aufzuhalten. Gedankenexperimente, wie das denn wäre, wenn man etwa 400 Jahre leben könnte, lösen ganz unterschiedliche Emotionen aus: Wunderbar! Grauenhaft! Wunderbar: Was könnte man alles erleben in einem so langen Leben! Grauenhaft: Man würde womöglich nichts erleben, weil nichts eine Bedeutung hätte. Man könnte ja alles, was man noch machen möchte, ins nächste Jahrhundert verschieben. Und: Es scheint nur um den Körper zu gehen, von der Psyche sprechen die Enthusiasten der Lebensverlängerung nicht.[94] Das Wissen um den Tod, implizit oder explizit, bringt uns Menschen aber gerade dazu, unser Potenzial zu realisieren. Natürlich haben die Menschen schon immer die Vorstellung vom Jungbrunnen gepflegt: Man steigt als Greis in einen Brunnen und kommt als junger Mensch wieder heraus. Man müsste diese Vorstellung symbolisch verstehen: Altes immer wieder loslassen, sich den schöpferischen Wandlungen überlassen und wieder neu werden – eben abschiedlich leben.

Auch wenn es nicht um den letzten Tod geht, der Tod wirkt als ständige Veränderung immer schon in unser Leben herein, besonders in den Veränderungen, die uns so widerfahren, wie uns der Tod widerfährt. Andauernd müssen wir etwas sterben lassen, immer wieder sind wir gezwungen, etwas loszulassen, zu verzichten, uns zu trennen. Wir lassen uns aber auch immer wieder ein, wir lieben Menschen, wir hängen am Leben, wir lieben Dinge … Wir verlieren nicht nur, wir gewinnen auch: Sogar das Vergangene behalten wir als kostbare Erinnerung, und wir gewinnen Neues, eine Offenheit für das Unbekannte, auch im Hinblick auf unseren letzten Tod.

Abschiedlich zu leben, ist Lebenskunst und zugleich eine Notwendigkeit für alle Menschen – während des ganzen Lebens, ganz besonders aber beim Älterwerden. Sich einlassen und loslassen, das ist ein Rhythmus des Lebens, das den Tod kennt.

Der Philosoph Weischedel, der den Begriff der Abschiedlichkeit geprägt hat,[95] schreibt: „Die Abschiedlichkeit ist die gemäße Antwort des Skeptikers [dessen, dem alles fraglich ist, VK] auf den Anblick der Vergänglichkeit, die alles Wirkliche bestimmt und durchherrscht.“[96] Abschiedlichkeit versteht er dahingehend, dass wir ständig von dem Abschied nehmen, in dem wir uns aufhalten. Es geht ihm dabei um zwei Richtungen: Abschied in Bezug auf uns selbst, und Abschied in Bezug auf die Welt, in der wir heimisch sind. Zu dieser Haltung gehört für Weischedel unabdingbar dazu, dass man sich zum Dasein entschließt, sich nicht dieser Welt vorzeitig entzieht. Offenheit und Verantwortlichkeit sind zwei Haltungen, mit denen Weischedel diese abschiedliche Existenz flankiert haben will, wobei er unter Offenheit Wahrhaftigkeit, Sachlichkeit, Gelten-Lassen und Toleranz versteht.[97]

Angesichts der ständigen Wandlungen im Leben muss man immer wieder bereit sein, Abschied zu nehmen – von lieb gewordenen Menschen, von Lebensphasen, von Liebgewordenem überhaupt, von Ideen über sich selbst, aber auch von Ideen, wie die anderen zu sein haben, wie die Welt zu sein hat. Aber gerade bei diesen Abschieden, bei diesen Trennungen, die ja oft sehr weh tun, leuchtet jeweils unsere Lebensgeschichte als die Geschichte von vielen Veränderungen und Wandlungen in uns auf – und mit dieser unserer Geschichte identifizieren wir uns auch. Es geht darum, so loszulassen, dass wir uns gerade nicht verlieren, sondern dass unsere gewordene Existenz dadurch sichtbar wird. Dazu gehört das Reflektieren über das eigene Leben und damit verbunden das Erleben, dass trotz aller Abschiede eine Kontinuität im Leben auszumachen ist; wir sind trotz allem immer dieselben, aber in Entwicklung, trotz aller Brüche, und es ist doch immer unser Leben, das wir als Einheit erleben. Und immer wieder wird eine Erfahrung der Autobiografie hinzugefügt, verbunden mit den Wurzeln, aus denen wir stammen, verbunden mit unserer Lebensgeschichte. Gerade das Abschiedliche bringt uns das Bleibende ins Gefühl, und gibt uns eine Bindung an die eigene Existenz. Diese Verbundenheit mit der eigenen Existenz gibt uns ein Gefühl der Identität im Wandel, ein Gefühl des Vertrauens zu uns selbst.

Abschiedliches Leben braucht aber nicht nur die Rückbindung an uns selbst, um abschiedlich leben zu können, sind wir auf die Bindung, die Beziehung, die Nähe zu anderen Menschen und zur Welt angewiesen. Gewiss, das Sich-Trennen-Müssen schafft auch immer wieder Distanz: Nähe und Distanz sind auch Themen des sich Einlassens und des Loslassens, Themen, die unsere Beziehungen durchgehend bestimmen. Was bleibt, ist die Erinnerung; solange wir uns erinnern können, ist der Schatz des Losgelassenen immer wieder abrufbar.[98]

Unter dem Eindruck der Abschiedlichkeit besteht gerade im höheren Alter die Gefahr, dass wir schon von vornherein alles als verloren geben. Ich sehe das nicht als Folge eines Todestriebes, sondern als Fatalismus: Wenn der Tod uns doch gewiss ist, wozu denn leben? Lohnen sich noch letzte Anstrengungen, wenn man doch stirbt? Oder soll man einfach auf den Tod warten? Dem steht entgegen, dass alte Menschen immer wieder sagen, sie möchten ihr Leben abrunden, ein rundes, ganzes Leben haben, wenn sie sterben, also auf eine gewisse Weise zu einer Ganzheit gefunden haben.[99] Also doch noch letzte Anstrengungen! Lassen wir uns nicht auf das Leben ein, in welchem Alter auch immer, existiert das Leben nicht wirklich. Vielleicht wartet man dann ständig auf das eigentliche Leben, irgendwann in der Zukunft wird es sich ereignen, oder es wird gar in den Tod projiziert. Wir wissen aber nicht, was nach dem Tod ist, ob etwas nach unserem Tod ist – und deshalb ist es sinnvoll, das Leben, das uns gegeben ist, zu gestalten – gerade angesichts dieser Vergänglichkeit.

Soll unser Leben nicht unter der eigenen Hand zerfließen, dann zwingt uns unsere abschiedliche Existenz, dass wir uns einlassen auf das Leben – uns einlassen auf Bindungen, Bindungen an Menschen, aber auch an Aufgaben. Und die Bindungen an die Menschen können ja auch außerordentlich beruhigend, glückhaft, lustvoll sein – denken wir etwa an die vielen verschiedenen Formen von Liebe. Gerade in der romantischen Liebe mit ihren Wünschen nach Ewigkeit meinen wir jeweils, der Abschiedlichkeit entronnen zu sein. Aber wir wissen: Liebe und Tod – das sind die zwei wichtigsten Themen im Leben. Und nichts schmerzt so sehr, als wenn wir geliebte Menschen verlieren.

Aber auch wenn wir wissen, dass wir Distanz zu geliebten Menschen bekommen können, dass wir sie verlieren können, wir lassen uns dennoch immer wieder auf Beziehungen ein. Von Anfang unseres Lebens an sind wir in Beziehungen und Bindungen und da hoffentlich hinreichend gut gehalten. Dank der Bindungen an andere Menschen, an die Natur, an die Welt wissen wir uns zugehörig, geborgen, gehalten, nicht nur von außen, sondern, wenn wir diese Bindungen auch verinnerlichen können, auch von innen getragen – eine Voraussetzung dafür, dass wir immer wieder vertrauensvoll uns neu auf das Leben einlassen können, auch im höheren Alter.

Bindung an das Leben heißt auch, unseren Interessen nachzugehen und zu spüren, dass es etwas gibt, das uns mit Lebendigkeit erfüllt, immer noch ein Interesse von innen heraus am Leben, auch wenn der Tod nah ist. Das heißt, zu gestalten, schöpferisch zu sein in einem zunächst alltäglichen Sinne, sichtbar zu werden, offen zu sein für das, was ist. Das Leben leben. Das eigene Leben leben, so weit das möglich ist, nicht das der anderen. Das ist eine der großen Chancen des Alters und des höheren Alters: Sobald wir nicht mehr in den normalen Arbeitsprozessen stehen, müssen wir uns auch nicht mehr so sehr anpassen. Passen wir uns an, dann tun wir das, was andere erwarten, vielleicht auch einfach, was „man“ tut, wie „man“ sich benimmt,[100] man spürt, eigentlich würde man sich gerne in einer Situation anders verhalten, man fühlt, dass ein Verhalten den eigenen Gefühlen zuwiderläuft, aber man mag keinen Konflikt heraufbeschwören, nichts riskieren. Im Alter, wo man nicht mehr so sehr muss, sondern darf, hat man noch einmal eine Chance, einzubringen, wie man wirklich fühlt, denkt, was einem wirklich wichtig ist. Das ist nicht nur bedeutsam für die eigene Individuation, für diesen Prozess der Selbstwerdung, der sich durch ein Leben zieht und immer auch eine Verbindung von Innenwelt und Außenwelt ist, sondern es ist auch wichtig für die Mitmenschen.[101]

Gerade weil alte Menschen nicht mehr so lange leben werden, sind sie oft mutiger, sagen etwas, was gesagt werden muss, was Jüngere sich auch anhören müssen. Narrenfreiheit des Alters wird das manchmal genannt, Marquard spricht in diesem Zusammenhang von „Schandmaulkompetenz“[102] und meint damit ein sehr offenes Wort, nachdenkliche, auch unbequeme Fragestellungen etwa nach Sinn und Unsinn, Herausforderungen halt, die man von alten Menschen eigentlich erwartet und die man sich als alter Mensch auch leisten kann. Meinen wir als Jüngere, noch mehr Zukunft vor uns zu haben – so sicher kann man sich ja nicht sein –, müssen wir ja immer damit rechnen, dass ein risikoreiches Verhalten, ein allzu offenes Wort, ein authentisches Nein irgendwann auf uns „zurückfallen“ wird. Darüber müssten wir uns im höheren Alter keine Sorgen mehr machen! Und das ist Freiheit, immer mehr das eigene Leben zu leben – zumindest im Denken und im sozialen Verhalten –, auch wenn das in großem Widerspruch zu der Tatsache steht, dass wir uns, weil wir körperlich nicht mehr selbstständig sein können, durchaus wieder anpassen müssen. Aber die Freiheit, die bleibt, die brauchen wir nicht zu opfern.

Beim sich Einlassen auf das Leben, auch im letzten Lebensalter, geht es darum, dass letztlich sichtbar wird, was wir sind, was wir auch immer wieder neu werden, was wir einmal gewesen sein wollen – für uns allein, mit anderen zusammen. Es geht auch um die Akzeptanz von dem, was wir geworden sind. Wenn die Versöhnung mit dem eigenen Leben nicht schon stattgefunden hat, ist jetzt die Zeit, auch von der Unversöhnlichkeit Abschied zu nehmen, es sei denn man schöpft auch Kraft aus ihr. Sich mit sich selber und der eigenen Geschichte zu versöhnen, heißt, sich selber freundlich anzuschauen, davon auszugehen, dass die Mitmenschen sich auch „schattenhaft" benehmen, wir selber aber auch; es heißt, sich zu verabschieden von der Idee, dass das Leben nur gut sein könnte, dass es nur das Gelingen gäbe. Die Würde kommt daraus, dass man, trotz aller Widrigkeiten, das Leben kompetent gelebt hat, sonst würde man nicht mehr existieren. Aus den Lebenserinnerungen im Lebensrückblick stammt emotional diese Gewissheit, die mit einem unmittelbaren Sinnerleben verbunden ist. Die Sinnfrage stellen wir dann, wenn der Sinn fraglich geworden ist, das Leben auf Sinn hin zu befragen ist. Das Bedürfnis nach Sinn im eigenen Lebensvollzug ist ein Grundbedürfnis des Menschen, das erfüllt werden muss. Menschen stellen immer wieder Sinn her. Wir wollen verstehen, warum etwas zu tun oder zu lassen sinnvoll sein kann, oder auch sinnlos.

Die Sinnfrage kann pragmatisch, lebenspraktisch sein: „Soll ich das tun, oder besser lassen? Hat es einen Sinn, so viel Energie zu investieren?" Fragen nach der Motivation, aber auch nach der Bewertung unseres Handelns könnte man als existentielle, pragmatische Fragen nach dem Sinn verstehen, nach dem Sinn „meines Lebens". Was für den einen Menschen sinnvoll ist, mag für einen anderen sinnlos sein. Die Fragen nach dem Sinn werden aber sehr rasch grundsätzlicher, philosophischer: Hat das Leben einen Sinn, wenn man letztlich doch sterben muss? Leiden erleben wir meistens als sinnlos. Hat das Leiden einen Sinn? Auch wenn das philosophische Fragen sind, sie stellen sich immer einmal im Leben, vor allem aber im höheren Alter. Und vielleicht kommt man darauf, dass „Leben ohne warum" – sunder warumbe (Meister Eckhart) – lebenswert ist. Nicht, dass man ständig nach einem tieferen Sinn des Lebens suchen muss, sondern der Sinn besteht darin, dass man lebt – das kann Grund genug sein. Für andere aber besteht eine Sinnerfahrung in der Verbindung mit der Natur:

Eine 82-jährige Frau sagt von sich, es gebe Tage, da sei sie so von der Schönheit der Pflanzen und der Welt umfangen, dass sie sich mit allem für kurze Momente eins fühle. Diese Erfahrung zeige ihr, dass ihr Leben sinnvoll sei.

Ein 86-Jähriger meint, er denke noch gern an schöne sexuelle Erfahrungen zurück. Es habe ihn zwar gewurmt, dass er solche leichten Verliebtheiten, Faszinationen, die er in seinem Leben immer wieder erlebt hatte, ohne dass daraus eine Gefährdung seiner Ehe wurde, und die ihn beflügelt hatten, jetzt nicht mehr erlebe. Jetzt habe er aber gemerkt, dass er eine ganz andere Form von Liebe entwickelt habe, eine Liebe zur Natur, zur Musik, zu jungen Menschen, zu Kindern – eine umfassende Liebe. Und das ist doch sehr nah bei einer Sinnerfahrung.

Wenn wir das Leben nicht mehr überblicken können, wenn es nicht mehr verstehbar ist, wenn wir das Leben nicht mehr begreifen, dann erscheint es uns nicht mehr als sinnvoll. Deshalb sind die Fragen nach den eigenen Emotionen und Gefühlen, letztlich nach der eigenen Identität und der sicheren Verbundenheit mit anderen Menschen, nach den Werten auch, die man in einem Leben verwirklicht hat, so wichtig. Jede Lebensform, die wir wählen, ist verbunden mit einem Sinnkonstrukt. Es erscheint uns diejenige Lebensform sinnvoll, die uns erlaubt, die Werte zu verwirklichen, die uns wichtig sind, und die uns eine hinreichende Zufriedenheit, oder gar Glück, ermöglicht. Zumindest, so hoffen wir, halten sich Glück und Unglück dabei in etwa die Waage. Bei Schicksalseinbrüchen – etwa dem Tod eines nahen Menschen – kann dieses einmal gewählte Lebenskonzept nicht mehr tragen, ein großer Sinnverlust wird erlebt: Die Frage nach Sinn stellt sich überhaupt erst jetzt richtig neu.

Unser Ringen um Individuation, um das eigene Leben, soweit das überhaupt möglich ist, das Ringen um das Finden von Sinn wird sichtbar, wenn wir das Leben als abschiedlich begreifen. Zudem geht es immer auch noch um die Erfahrung von Selbstwirksamkeit, darum, zu sehen und zu erfahren, dass man im eigenen Leben für sich und für andere noch etwas bewirken kann; das ist die Grundlage eines guten Selbstwertgefühls. Das Wissen um die Selbstwirksamkeit bewirkt, dass wir auch in schwierigen Situationen nicht aufgeben. Es geht darum, das eigene Leben, mit anderen Menschen zusammen, zu gestalten, zu tun, was notwendig ist, zu akzeptieren, was von außen oder auch von innen an uns herangetragen wird. Das führt letztlich zur Erfahrung von Sinn.

Loslassen

Das Einwilligen, dass man sterblich ist, wird im Gleichgewicht gehalten durch das Engagement ins Leben – so wenig es auch noch sein mag im höheren Alter. Engagement meint immer noch, den eigenen Lebensthemen nachgehen, den eigenen Interessen. Das macht Freude, beschwingt, gibt das Gefühl, trotz des nahen Todes intensiv leben zu können. Lust am Leben, Freude am Leben, Freude am Gestalten – trotz des Sterben-Müssens, trotz des Loslassen-Müssens oder gerade deshalb.

Ein großes Thema des abschiedlich Lebens ist das Loslassen: Eine Anforderung an uns selbst, die wir früher vielleicht bewältigt hätten oder die auch schon früher zu groß war, kann nicht mehr aufrechterhalten werden. Ein erleichtertes Loslassen, ein wehmütiges Loslassen vielleicht. Das Thema des Loslassens – als alltägliche Abschiedlichkeit – kann man sich leicht an körperlichen Aktivitäten vergegenwärtigen: Eine Last wird zu schwer –

man muss sie loslassen. Es ist zu anstrengend, zu ermüdend – man muss loslassen und damit auch das Selbstbild, dass man immer noch alles kann, dass man immer noch die Alte ist, keine Hilfe braucht, nicht abhängig ist. Von einem Selbstbild muss Abschied genommen werden, aber man kann sich auch neu wieder auf das Leben einlassen, es gibt neue Selbstbilder. Überholte Vorstellungen von uns selbst also loslassen, immer wieder – vielleicht ist das Selbstbild jetzt nicht mehr ganz so ideal, dafür realistischer, authentischer –, mit Schattenakzeptanz, mit mehr Versöhnung mit sich selbst. Die schwerkranke Marianne Schiess dazu:

„Mich den abnehmenden Kräften in einer Weise anzupassen, dass ich mich nicht überfordere und doch noch verwirkliche, was möglich ist, sehe ich als große Herausforderung. Letztlich geht es um die Kunst, mit dem Leben zu fließen, mit dem Wollen am gleichen Ort zu sein wie die körperliche Befindlichkeit, was mir eine optimale Lebensqualität ermöglicht."[103]

Loslassen, einwilligen in das, was ist, und dann ist da doch Lebensqualität. Im Alter heißt das aber auch, zunehmendes Alleinsein zu akzeptieren, das zu Einsamkeit werden kann. Trauern, auch um das zu Ende gehende Leben, das wunderbarste Gut, das wir Menschen haben. Und dann sind wir wieder bei der Erinnerung, der Dankbarkeit für das, was war, dem Wunsch, noch etwas weiterzugeben vielleicht, und bei der Wehmut.

Loslassen in jungen Jahren ist schwierig, weil man noch nicht weiß – was man später weiß –, dass immer wieder etwas Neues kommt und dass es, weil es neu ist, meistens auch interessant, spannend, auf jeden Fall herausfordernd ist. Das Leben ist wirklich immer wieder für Überraschungen gut – wir selber sind uns auch immer wieder eine Überraschung.

In späteren Jahren wird das Loslassen schwieriger, weil das Loslassen immer mehr die existentielle Dimension des letzten Todes erahnen lässt. Die Herausforderung ans Loslassen im höheren Alter ist: die Selbstständigkeit aufgeben zu müssen, weil man nicht mehr selbstständig sein *kann*. Die Rechnung „Wenn ich loslasse, bekomme ich etwas anderes dafür, vielleicht nicht das, was ich wollte, aber dafür vielleicht etwas Überraschendes", diese Rechnung ist nicht mehr so leicht aufrechtzuerhalten: Was bekommen wir, wenn wir unsere Selbstständigkeit aufgeben? Wir werden gepflegt, und wenn wir Glück haben, bekommen wir liebevolle Zuwendung.

Es wird Lebenskunst sein, auch diesem Loslassen noch etwas an Glück abzugewinnen. Aber es ist nicht zu übersehen: Das, was wir loslassen, wird mehr, das, was noch in unseren Händen ist, wird weniger, und daher umso kostbarer. Woher nehmen wir unser Selbstwertgefühl? Aus unserem gelebten Leben, aus dem emotionalen Zugang zu unseren Erinnerungen, würde ich sagen, wenn wir denn wertschätzen können, was wir erfahren, was wir gemacht haben, aber auch, was noch aktuell zu erleben ist. Gewiss, Menschen sterben uns weg – aber es kommen auch andere Menschen nach. Eben abschiedlich leben.

Im höheren Alter ist die Beziehung zu jungen Menschen eine ganz wichtige Quelle der Freude – und wohl auch der Versicherung, dass das Leben weitergeht, auch wenn man selber gehen muss. Das mag in der Freude an den Enkelinnen und Enkeln mit verborgen sein. Man kann sich immer auch noch etwas von der Lebendigkeit der Jungen anstecken lassen, nicht, dass man dadurch wieder jung würde, aber anregend ist es allemal.

Eine 78-Jährige erzählt, sie setze sich oft in die Mensa der Universität, weil es da so viele jungen Menschen gebe, die diskutieren, sich streiten und einfach auch schön anzusehen seien. „Junge Menschen anschauen gehen", nennt sie das. Dass sie ab und zu in ein Gespräch verwickelt wird, empfindet sie als „Sternstunden".

Ein 82-Jähriger erzählt einen Traum: „Ich war in den Bergen – wahrscheinlich im Alpstein – und da waren viele junge Bergsteiger, so kräftige junge Männer, und die stiegen in einem Tempo auf! Es war einfach schön anzusehen. Ich blieb zurück und freute mich an der Kraft der Jungen." Er erzählte den Traum, weil er ihn so belebend fand, alle diese kräftigen jungen Männer! Und der Traum erfüllte ihn auch mit Wehmut. Er blieb zurück, konnte noch miterleben, sich daran freuen, aber nicht mehr selber so aufsteigen. Und dann: „Ich spürte, ich spüre aber noch diese Kraft in mir." Es gibt diese Kraft noch in ihm, diese jungen Männer sind immer noch Persönlichkeitsaspekte von ihm – aber sie werden nicht mehr in der alten Form realisiert.

Abschiedlich: Die Kraft ist bei der jungen Generation, und die Alten können noch Anteil nehmen, sich freuen daran. Das ist zum einen Erinnerung daran, was auch einmal war, es ist aber auch die Freude daran, dass das Leben weitergeht, dass neue Generationen tragen, was zu tragen ist. Und dann fällt ihm ein, wie vielen jungen Menschen er Anregungen gegeben hat, wie diese seine Anregungen, gerade auch beim Bergsteigen, wieder anderen weitergegeben haben, wie auf diese Weise etwas von seinen Anregungen, von seinen Intentionen immer weitergeht, schon längst von anderen verwirklicht und verändert wird. Jetzt ist er sich selber dankbar, dass er immer wieder anderen Menschen geholfen hat, sie angeregt hat. Dies vermittelt ihm den Eindruck, in den anderen auch weiterzuleben. Eine Form des Transzendierens!

Hoffnung

Menschen, die spüren, dass das Ende des Lebens naht, trauern auch immer einmal über die Vergänglichkeit des Lebens, in ihren Rhythmen, in ihrer Art, sehen sich zum Beispiel noch einmal sehr bewusst eine bestimmte Stimmung in der Natur an, verinnerlichen sie, bedauern, dass sie gehen müssen, sind aber auch von einer dankbaren Wehmut erfüllt. Vieles, was im Leben war, was wichtig war, wird in die Innenwelt zurückgenommen – ein Schatz für mögliche noch schlechtere Tage.

Loslassen ist verbunden mit Trauer, sich einzulassen mit Freude. Hierzu noch einmal Marianne Schiess:

„Nie hätte ich zu Beginn meiner Erkrankung von solch unvergesslichen Erlebnissen zu träumen gewagt, beglückender Nahrung für die nahe Zeit [...]. Es ist, als ob das Akzeptieren, dass Vergänglichkeit zum Leben gehört, uns dazu befreit, die Schönheit der Natur besonders intensiv wahrzunehmen und uns ihr zugehörig zu erleben. Als ob eine Art Paradigmenwechsel geschieht, der bereits erwähnte Übergang vom Haben zum Sein. Das Leben verliert seinen Geschmack des Alltäglichen, die Erfahrungen werden in gewisser Weise archetypisch."[104]

Dankbarkeit, Staunen, Freude – gerade weil Marianne Schiess die Vergänglichkeit akzeptiert hat. Aber auch eine neue Form des Erlebens: nicht mehr alltäglich, sondern paradigmatisch.

Auffällig ist immer wieder, wie Hochbetagte oder Menschen, die aus anderem Grund dem Tod nahe sind, die Verbundenheit mit der Natur betonen. Wird einem im hohen Alter mehr bewusst, dass man auch Natur ist und den Gesetzen der Natur unterliegt? Dem Blühen und dem Vergehen. Der Schönheit und dem Verwelken. Der Schönheit *des* Verwelkens. Auch das ist eine Form des Transzendierens: Nicht mehr nur die eigene Befindlichkeit steht im Zentrum, sondern die Verbindung mit der größeren Natur – das Ich wird so langsam entbehrlich.

Noch einmal Seneca: „Am willkommensten ist Obst, wenn es zuende geht. […] Am erfreulichsten ist das Alter, das schon sich neigt, nicht dennoch stürzt, und auch jenes Alter, das auf dem äußersten Ziegel steht, meine ich, hat seine Freuden: oder es tritt eben das an die Stelle der Freuden, keine Bedürfnisse zu haben."[105] Und mit der Freude kommt auch das Vertrauen. An die Freuden können wir uns immer wieder erinnern, und in unserer Erinnerung werden sie lebendig, in unseren Erzählungen sogar noch mehr. Die Freude ist die kleine Schwester der Hoffnung, und die Hoffnung, auch eine der positiven Emotionen, begleitet uns als ein Basisgefühl, solange wir leben, die Hoffnung auf das Bessere, trotz allem, trotz Tod. Unser Leben ist von der Hoffnung sozusagen unterlegt.

Es ist sehr schwierig zu sagen, was Hoffnung wirklich ist. Erst wenn sie uns so ganz und gar abhandenzukommen droht, dann spüren wir, dass doch immer noch etwas trägt, wir immer noch eine vorstellungslose Hoffnung auf eine Verbesserung haben, ein Vertrauen, dass sich etwas zum Besseren hin verändern wird – wider besseres Wissen. Dabei ist es bei vielen Menschen nicht mehr wie früher die Jenseitshoffnung, die trägt, sondern eine fast unmerkliche existentielle Grundgestimmtheit: sich vertrauensvoll dem zu überlassen, was die Zukunft bringen mag. Hier wird ein tragendes Vertrauen ins Sein deutlich: Irgendwie wird es eine Lösung geben. Hoffnung, nicht Erwartung, wird deshalb auch als die Begleitemotion des Lebendigseins gesehen, des Bedürfnisses, sich das Leben zu erhalten und sich immer weiter zu entwickeln – bis man tot ist. Das ist auf der emotionalen Seite das, was Damasio beschreibt als den Willen jeder einzelnen Zelle, so lange wie möglich am Leben zu bleiben.[106]

In der Hoffnung drückt sich das biologische Vertrauen zum Dasein in die Zukunft hinein aus. Doch wir müssen eine wesentliche Unterscheidung machen: Hoffnung ist zum einen eine Grundemotion, eine Hintergrundemotion des Lebendigen. Solange wir leben, sind wir auch von Hoffnung getragen. Es gibt zum anderen aber auch eine alltäglichere Hoffnung, die uns mehr beschäftigt und die uns auch abhandenkommen kann. Diese weicht immer auch einmal der Hoffnungslosigkeit, der Resignation. Dann schauen wir nicht mehr zuversichtlich in die Zukunft, sondern besorgt – und dennoch leben wir weiter und hoffen untergründig, dass es so schlimm doch nicht sein möge und dass es irgendwie besser wird. Auch gibt es Menschen, von denen man den Eindruck hat, sie seien mehr von Hoffnung getragen als andere: Sie blicken vertrauensvoller in die Zukunft, sie fühlen sich im Leben getragen, andere dagegen eher geworfen. Und dennoch: Auch diese, wenn sie die Hoffnung verloren zu haben scheinen, schöpfen plötzlich wieder Hoffnung.

Ars moriendi als Lebenskunst

Wenn wir davon ausgehen, dass uns nichts anderes bleibt, als das Leben abschiedlich zu leben, dann ist die Ars moriendi, die Kunst des Sterbens, auch eine Form der Lebenskunst: einwilligen in die vielen Veränderungen, Verluste, Abschiede – und dennoch oder gerade deswegen, dem eigenen Leben immer wieder neu eine Gestalt geben, so wie es der Altersphase entspricht.

Für Seneca gehörte das Denken an den Tod, an das Sterben, zur Ars vivendi, zu der Kunst zu leben. In seinen Lehrbriefen an Lucilius empfahl er diesem, sich täglich darin zu üben, mit Gleichmut das Leben loszulassen; das töte die Angst vor dem Tod und bewirke, dass er sich frei und mutig einlassen könne auf das Leben.[107] Im Gedenken auch an Epikur formuliert Seneca: „,Denke an den Tod': wer das sagt, heißt, an die Freiheit zu denken."[108] Erich Kästner formulierte dies in einem seiner Gedichte prägnant: „Liebe das Leben, und denk an den Tod!"[109]

Je akzeptierender wir den Tod in das eigene Lebenskonzept einbauen, desto lebendiger vermögen wir das Leben zu leben. Sinnfragen, die Fragen, wofür wir leben wollen, welche Werte uns unabdingbar wichtig sind, entscheiden wir anders, wenn wir den Tod als eine universale, unpersönliche Tatsache akzeptieren und nicht als etwas, das nur mir zustößt und mich bestraft, etwa durch den Tod des Liebsten. Das Schicksal in Form des Todes ist keine Strafe – es gehört zum menschlichen Leben. Haben wir uns mit unserer Sterblichkeit versöhnt, so befinden wir uns in Übereinstimmung mit dem Werden und Vergehen der Natur und alles Natürlichen. Angesichts der Sterblichkeit gestalten wir das Leben mit vielen anderen Menschen zusammen, wir sind zur Kreativität herausgefordert – und gestalten damit auch die Kultur. Der Mensch gehört zum Reich der Natur, aber gerade deshalb schafft er auch die Kultur. Abschiedliches Leben ist kreatives Leben.

Schöpferische Einsamkeit

Interessant ist es, zu erfahren, wie Menschen im Alter mit ihrer Einsamkeit umgehen. Die meisten beklagen sich ja nicht oder nicht nur, dass sie einsam sind, sondern sie finden Strategien, damit umzugehen. Die schon erwähnte Toyo Shibata[110], eine Hundertjährige, kämpft immer wieder mit der Einsamkeit:

Da der Wind
an der Glastür rüttelt
lasse ich ihn ein
dann kommt die
Sonne
zu dritt halten wir
ein Plauderstündchen
Großmutter
fühlst du dich nicht
einsam
so allein?
fragen Wind und
Sonne
Letztendlich
sind wir Menschen
doch immer allein
sage ich
wenigstens hat man
seine Ruhe, was?

Es ist die Vorstellungskraft, die es Toyo Shibata ermöglicht, Wind und Sonne wie alte Kameraden in ihr Leben einzubauen, sich zu verbinden mit der größeren Natur und sich dadurch mit der Einsamkeit auseinanderzusetzen. Allein ist der Mensch immer, und wenn man allein – oder halt auch einsam – ist, hat man wenigstens seine Ruhe. Galgenhumor? Lebenskunst?

Dank

Allen, die mir ihre Geschichten erzählt und mir erlaubt haben, sie hier wiederzugeben, danke ich sehr herzlich, ebenso allen, die sich mit mir über ihre Erinnerungen an sehr alte Familienmitglieder ausgetauscht haben, die schon längst gestorben sind und die in diesen Erinnerungen weiterleben. Ich danke auch allen, die mit mir sich über das Altern ausgetauscht haben.

Ganz besonders herzlich bedanke ich mich bei Christiane Neuen, die sich sehr dafür eingesetzt hat, dass ich dieses Buch geschrieben habe. Wie immer war es eine sehr erfreuliche Zusammenarbeit.

St. Gallen, im August 2015

Anhang

Anmerkungen

1 Kast, V.: Trauern. Phasen und Chancen des psychischen Prozesses. Erw. Neuausg. 35. Gesamtaufl. Kreuz, Freiburg im Breisgau 2013 (1. Aufl. 1982).

2 Staudinger, U. M.: Selbst und Persönlichkeit aus der Sicht der Lebensspannen-Psychologie. In: Greve, W. (Hg.): Psychologie des Selbst. Beltz/Psychologie-Verlags-Union, Weinheim 2000, S. 133–148.

3 Brockmann, H.: Lebenszufriedenheit: Das Glück ist ein U. Interview mit der Soziologin Hilke Brockmann. In: Spiegel Online, 26. Januar 2014. http://www.spiegel.de/gesundheit/psychologie/lebenszufriedenheit-hilke-brockmann-erklaert-das-glueck-a-942693.html (Zugriff: 24.11.2015).

4 Maercker, A.: Psychologie des höheren Lebensalters. Grundlagen der Alterspsychotherapie und klinischen Gerontopsychologie. In: Maercker, A. (Hg.): Alterspsychotherapie und klinische Gerontopsychologie. Springer, Berlin / Heidelberg / New York 2002, S. 1–58.

5 Blanchflower, D. G. / Oswald, A. J.: Is well-being U-shaped over the life cycle? In: Social Science & Medicine 66.8, 2008, S. 1733–1749.

6 Jung, C. G.: Die Lebenswende (1931/2011). In: GW 8, §§ 749–795.

7 Stone, A. A., et al.: A comparison of coping assessed by ecological momentary assessment and retrospective recall. In: Journal of Personality and Social Psychology 74, 1998, S. 1670–1680.

8 Carstensen, L. L., et al.: Emotional experience improves with age. Evidence based on over 10 years of experience sampling. In: Psychology and Aging 26, 2011, S. 21–33.

9 Seneca, L. A.: Philosophische Schriften. Bd. 3: Ad Lucilium epistulae morales I–LXIX. Übers., eingel. und mit Anm. versehen von M. Rosenbach. Wissenschaftliche Buchgesellschaft, Darmstadt 1999, S. 195.

10 Vgl. ders.: Philosophische Schriften. Bd. 2: De vita beata u.a. Dialoge VII–XII. Übers., eingel. und mit Anm. versehen von M. Rosenbach. Wissenschaftliche Buchgesellschaft, Darmstadt 1999, S. 201.

11 Vgl. Hüther, G.: Biologie der Angst. Wie aus Stress Gefühle werden. Vandenhoeck & Ruprecht, Göttingen 1999, S. 43.

12 Vgl. Williams, M.: The fear of death. In: Journal of Analytical Psychology 3, 1958, S. 157–165.

13 Kast, V.: Was wirklich zählt ist das gelebte Leben. Die Kraft des Lebensrückblicks. Herder Spektrum, Freiburg im Breisgau 2014 (1. Aufl. Kreuz, Freiburg im Breisgau 2010).

14 Beschrieben in: Freund, A., et al.: Selection, optimization, and compensation as strategies of life-management. In: Psychology and Aging 13, 1998, S. 531–543.

15 Carstensen, Emotional Experiences.

16 Vgl. Damasio, A. R.: Selbst ist der Mensch. Körper, Geist und die Entstehung des menschlichen Bewusstseins. Siedler, München 2011, S. 133 ff.

17 Vgl. Kast, V.: Vom Sinn der Angst. Wie Ängste sich festsetzen und wie sie sich verwandeln lassen. 7. Aufl. (13. Gesamtaufl.) Herder Spektrum, Freiburg im Breisgau 2014 (1. Aufl. Herder, Freiburg im Breisgau 1996).

18 Vgl. Kast, V.: Vom Sinn des Ärgers. Anreiz zur Selbstbehauptung und Selbstentfaltung. Herder, Freiburg im Breisgau u. a. 2014 (1. Aufl. Kreuz, Stuttgart 1998).

19 Lévinas, E.: Totalität und Unendlichkeit. Versuch über die Exteriorität. 4. Aufl. Studienausgabe. Alber, Freiburg im Breisgau u.a. 2003 (1. Aufl. 1987), S. 349.

20 Kast, V.: Der Schatten in uns. Die subversive Lebenskraft. Überarbeitete Neuausgabe. Patmos, Ostfildern 2016 (1. Aufl. Walter, Zürich/Düsseldorf 1999).

21 Kast, V.: Freude, Inspiration, Hoffnung. 6. Aufl. Patmos, Ostfildern 2013 (1. Aufl. Walter, Solothurn/Düsseldorf 1991).

22 Sin, N. L./Lyubomirsky, S.: Enhancing well-being and alleviating depressive symptoms with Positive Psychology interventions. A practice-friendly meta-analysis. In: Journal of Clinical Psychology in Session 65.5, 2009, S. 467–487.

23 Izard, C. E.: Die Emotionen des Menschen. Eine Einführung in die Grundlagen der Emotionspsychologie. Beltz / Psychologie-Verlags-Union, Weinheim, 1981.
24 Kast, V.: Interesse und Langeweile als Quellen schöpferischer Energie. Neuausgabe. Patmos, Ostfildern 2011 (1. Aufl. Walter, Düsseldorf/Zürich 2001).
25 Vgl. Panksepp, J.: Science of the brain as a gateway to understanding play. An interview with Jaak Panksepp. In: American Journal of Play 2.3, 2010, S. 276.
26 Vgl. ders.: Affective Neuroscience. The Foundations of Human and Animal Emotions. Oxford University Press, New York u.a. 1998, S. 149.
27 Vgl. ders., Science of the brain, S. 254.
28 Vgl. Kast, Interesse und Langeweile.
29 Vgl. Carstensen, Emotional experience, S. 21–33.
30 Staudinger, U. M., et al.: Selbst, Persönlichkeit und Lebensgestaltung im Alter. Psychologische Widerstandsfähigkeit und Vulnerabilität. In: Mayer, K. U. / Baltes, P. (Hg.): Die Berliner Altersstudie. Akademie Verlag, Berlin 1999, S. 321–350.
31 Ebd., S. 330.
32 Carstensen, Emotional experience.
33 Vgl. Ebd., S.10.
34 Vgl. Reed, A. E. / Carstensen, L. L.: The Theory behind the age-related positivity effect. In: Frontiers in Psychology 3: 339, 2012, S. 5.
35 Vgl. Jung, C. G.: Über die Psychologie des Unbewußten (1912, 2011). Kapitel 5: Das persönliche und das überpersönliche oder kollektive Unbewußte. In: GW 7, § 103; Kast, Der Schatten in uns.
36 Vgl. Blanchflower/Oswald, Is well-being U-shaped, S. 1738.
37 Vgl. Reed/Carstensen, S. 5.
38 Vgl. ebd., S. 7.
39 Vgl. Sorkin, D. / Rook, K. S., et al.: Interpersonal control strivings and vulnerability to negative social exchanges in later life. In: Psychology and Aging 19, 2004, S. 555–564.
40 Vgl. Ebd., S. 563.
41 Vgl. Kast, V.: Paare. Wie Phantasien unsere Liebesbeziehungen prägen. Herder, Freiburg im Breisgau 2015 (1. Aufl. Kreuz, Stuttgart 1984).

42 Vgl. Ebd., S. 11.
43 Vgl. dies., Trauern.
44 Brecht, B.: Die unwürdige Greisin (1943/1990). In: Gesammelte Werke. Bd. 11: Prosa 1. Hg. in Zusammenarbeit mit E. Hauptmann. Suhrkamp, Frankfurt am Main 1990, S. 315–320.
45 Vgl. Smith, J./Baltes, P. B.: Altern aus psychologischer Perspektive. Trends und Profile im hohen Alter. In: Mayer, K. U./Baltes, P. B. (Hg.): Die Berliner Altersstudie. Akademie Verlag, Berlin 1999, S. 238.
46 Vgl. ebd., S. 238.
47 Schröder, R. A.: Alter Mann. In: Alten Mannes Sommer. Suhrkamp, Berlin 1947. Zitiert in: Kast, V. (Hg.): Diese vorüberrauschende blaue einzige Welt. Gedichte zu Lebensfreude und Endlichkeit. Pendo, Zürich 2003, S. 12.
48 Staudinger, U. M., et al.: Psychologische Widerstandskraft im Alter. In: Mayer, K. U./Baltes, P. B. (Hg.): Die Berliner Altersstudie. Akademie Verlag, Berlin 1999, S. 347.
49 Vgl. Erikson, E. H.: Der vollständige Lebenszyklus. Suhrkamp TB, Frankfurt am Main 1988, S. 78ff.
50 Vgl. Kast, Was wirklich zählt; Maercker, A.: Posttraumatische Belastungsstörungen und komplizierte Trauer. In: Maercker, A. (Hg.): Alterspsychotherapie und klinische Gerontopsychologie. Springer, Berlin/Heidelberg/New York 2002, S. 253f.
51 Vgl. Maercker, A./Forstmeier, S. (Hg.): Der Lebensrückblick in Therapie und Beratung. Springer, Berlin/Heidelberg 2013.
52 Vgl. Eccles, J. C.: Imagination and art. In: Internationale Gesellschaft für Kunst, Gestaltung und Therapie. Mitteilungsblatt 4, Mai 1987.
53 Vgl. Markowitsch, H.-J.: Dem Gedächtnis auf der Spur. Vom Erinnern und Vergessen. Primus, Darmstadt 2002.
54 Vgl. Sin/Lyubomirsky, Enhancing well-being.
55 Vgl. Pinquart, M./Forstmeier, S.: Wirksamkeitsforschung. In: Maercker, A./Forstmeier, S. (Hg.): Der Lebensrückblick in Therapie und Beratung. Springer, Berlin/Heidelberg 2013, S. 47ff.
56 Vgl. Kast, V.: Träume. Die geheimnisvolle Sprache des Unbewussten. 6. Aufl. Patmos, Ostfildern (1. Auflage Walter, Düsseldorf 2006).

57 Roth, G. / Strüber, N.: Wie das Gehirn die Seele macht. Klett-Cotta, Stuttgart 2014, S. 356.
58 Ebd., S. 120.
59 Vgl. Carter, C. D.: Oxytocin pathways and the evolution of human behavior. In: Annual Review of Psychology, 2014, S. 65.
60 Vgl. Ruch, W. / Proyer, R. T.: Positive Interventionen. Stärkenorientierte Ansätze. In: Frank, R. (Hg.): Therapieziel Wohlbefinden. Ressourcen aktivieren in der Psychotherapie. 2., aktualisierte Aufl. Springer, Berlin/Heidelberg 2011 (1. Aufl. 2007), S. 83–91.
61 Vgl. Gawande, A.: Being Mortal. Medicine and What Matters in the End. Metropolitan Books u.a., New York 2014, S. 155.
62 Vgl. Riedel, I.: Die Kunst der Abhängigkeit. In: Buchheim, P. / Cierpka, M. / Seifert, Th. (Hg.): Lindauer Texte. Abhängigkeit. Springer, Berlin/Heidelberg u.a. 1991, S. 197–211.
63 Vgl. Kast, V.: Trotz allem Ich. Gefühle des Selbstwerts und die Erfahrung von Identität. 9. Aufl. Herder Spektrum, Freiburg im Breisgau 2013 (1. Aufl. Herder, Freiburg im Breisgau 2003).
64 Vgl. Seneca, Philosophische Schriften. Bd. 3, S. 75.
65 Ebd., S. 77.
66 Kuntze, S.: Altern wie ein Gentleman. Zwischen Müßiggang und Engagement. Bertelsmann, München 2011, S. 109.
67 Aus: Blech, J.: Schlaulaufen. In: Der Spiegel 32/1.8.2015, S. 90–97, Bildunterschrift S. 94.
68 Küng, H.: Glücklich sterben? Mit dem Gespräch mit Anne Will. Piper, München/Zürich 2014, S. 109.
69 Ders., S. 15.
70 Ders., S. 27.
71 Seneca, Philosophische Schriften. Bd. 3, S. 115.
72 Vgl. Gagel, H.: So viel Energie. Künstlerinnen in der dritten Lebensphase. AvivA, Berlin 2005.
73 Zitiert in: ebd., S. 141.
74 Vgl. Riedel, I.: Louise Bourgeois: Die Kunst einer Neunzigjährigen. In: Emrich, H. M. / Riedel, I. (Hg.): Im Farbenkreis der Emotionen. Königshausen & Neumann, Würzburg 2003, S. 87 ff.

75 Zitiert in: Gagel, So viel Energie, S. 133.
76 Zitiert in: ebd., S. 147.
77 Vgl. Gawande, Being Mortal, S. 95.
78 Schiess, M.: Kämpfen oder vertrauen – sterben lernen. In: Kast, V. (Hg.): Inspirationen für ein gutes Leben. Heil sein – heil werden. Herder, Freiburg im Breisgau 2005, S. 190.
79 Vgl. Gawande, Being Mortal, S. 95.
80 Kast, V.: Imagination. Zugänge zu inneren Ressourcen finden. Patmos, Ostfildern 2012 (1. Aufl. Walter, Olten 1988).
81 Damasio, A. R.: Ich fühle, also bin ich. Die Entschlüsselung des Bewusstseins. List, München 2000, S. 383; ders., Selbst ist der Mensch, S. 124 f.
82 Jung, C. G.: Kleines Lexikon der Analytischen Psychologie. Definitionen. Mit einem Vorwort von Verena Kast [GW 6]. Edition C. G. Jung im Patmos Verlag, Ostfildern 2013, S. 79 f. [§ 792].
83 Vgl. Frank, R.: Körperliches Wohlbefinden durch Selbstregulation verbessern. In: Frank, R. (Hg.): Therapieziel Wohlbefinden. Ressourcen aktivieren in der Psychotherapie. 2., aktualisierte Aufl. Springer, Berlin/Heidelberg 2011 (1. Aufl. 2007), S. 152.
84 Ebd., S. 152.
85 Vgl. Kast, V.: Seele braucht Zeit. 2. Aufl. Kreuz, Freiburg im Breisgau 2014 (1. Aufl. 2013), S. 41 ff.; vgl. auch: Kast, Imagination.
86 Zitiert in: Kohler, M.: Im Rausch der Malerei. In: art. Das Kunstmagazin, Juli 2015, S. 30.
87 Mason, M., et al.: Wandering Mind. The default network and stimulus-independent thought. In: Science 315, 2007, S. 393–395. Zitiert in: Grüter, Th.: Morgen war einmal. Warum wir Erinnerungen an die Vergangenheit brauchen, um uns die Zukunft vorzustellen. In: Gehirn und Geist 5, 2008, S. 58.
88 Epikur: Philosophie der Freude. Briefe, Hauptlehrsätze, Spruchsammlung, Fragmente. Übertragen und mit einem Nachwort versehen von P. M. Laskowsky. Insel, Frankfurt am Main / Leipzig 1988, S. 103. Zu Texten von Epikur siehe auch: Lukrez: Über die Natur der Dinge. Übertragen und kommentiert von K. Binder. Galiani, Berlin 2014.
89 Seneca, Philosophische Schriften. Bd. 2, S. 143.

90 Zitiert in: Blech, J.: Wundermittel im Kopf. In: Spiegel 26/25.6.2007, S. 9.
91 Schnabel, U.: Placebos. Die Medizin des Glaubens. In: DIE ZEIT 52, 19.12.2007, S. 43f. http://pdf.zeit.de/2007/52/M-Glauben.pdf (Zugriff: 25.11.2015).
92 Vgl. Sin/Lyubomirsky, Enhancing well-being, S. 483.
93 Vgl. Kast, Trauern; dies.: Abschiedlich existieren – sich einlassen und loslassen. In: Frick, E./Vogel, R. T. (Hg.): Den Abschied vom Leben verstehen. Psychoanalyse und Palliative Care. Kohlhammer, Stuttgart 2012, S. 104–116.
94 Vgl. Gifford, B.: Heilung vom Tod. In: NZZ Folio: Ewig Leben/August 2015, S. 14–16.
95 Vgl. Weischedel, W.: Skeptische Ethik. Suhrkamp, Frankfurt am Main 1980, S. 196.
96 Ebd., S. 196.
97 Vgl. ebd., S. 137.
98 Vgl. Kast, Was zählt.
99 Vgl. Gawande, Being Mortal, S. 155.
100 Vgl. Kast, Seele braucht Zeit, S. 93–97.
101 Vgl. Riedel, I.: Die innere Freiheit des Alterns. 4. Aufl. Patmos, Ostfildern 2015 (1. Aufl. Patmos, Düsseldorf 2009), S. 123f.
102 Marquard, O.: Von der Theoriefähigkeit des Alters. In: ders.: Philosophie des Stattdessen. Reclam, Stuttgart 2000, S. 138.
103 Schiess, Kämpfen oder vertrauen, S. 190.
104 Ebd., 194f.
105 Seneca, Philosophische Schriften. Bd. 3, S. 77ff.
106 Vgl. Damasio, A. R.: Selbst ist der Mensch. Körper, Geist und die Entstehung des menschlichen Bewusstseins. Siedler, München 2011, S. 48.
107 Vgl. Seneca, Philosophische Schriften. Bd. 3, S. 39f./Brief 4.
108 Ebd., S. 227/Brief 26,8.
109 Aus: Kästner, E.: Vom alten Mann. In: Kast, V. (Hg.): Diese vorüberrauschende blaue einzige Welt. Gedichte zu Lebensfreude und Endlichkeit. Pendo, Zürich, S. 52.
110 Shibata, T.: Du bist nie zu alt, um glücklich zu sein. Weisheiten einer Hundertjährigen. Pendo, München 2012, S. 31.

Literatur

Blanchflower, D. G. / Oswald, A. J.: Is well-being U-shaped over the life cycle? In: Social Science & Medicine 66.8, 2008, S. 1733–1749.

Blech, J.: Schlaulaufen. In: Der Spiegel 32/1.8.2015, S. 90–97.

Blech, J.: Wundermittel im Kopf. In: Spiegel 26/25.6.2007, S. 6–17.

Brecht, B.: Die unwürdige Greisin (1943/1990). In: Gesammelte Werke. Bd. 11: Prosa 1. Hg. in Zusammenarbeit mit E. Hauptmann. Suhrkamp, Frankfurt am Main 1990, S. 315–320.

Brockmann, H.: Lebenszufriedenheit: Das Glück ist ein U. Interview mit der Soziologin Hilke Brockmann. In: Spiegel Online, 26. Januar 2014. http://www.spiegel.de/gesundheit/psychologie/lebenszufriedenheit-hilke-brockmann-erklaert-das-glueck-a-942693.html (Zugriff: 24.11.2015).

Carstensen, L., et al.: Emotional experience improves with age. Evidence based on over 10 years of experience sampling. In: Psychology and Aging 26, 2011, S. 21–33.

Carter, C. D.: Oxytocin pathways and the evolution of human behavior. In: Annual Review of Psychology 65, 2014, S. 17–39.

Damasio, A. R.: Ich fühle, also bin ich. Die Entschlüsselung des Bewusstseins. List, München 2000.

Damasio, A. R.: Selbst ist der Mensch. Körper, Geist und die Entstehung des menschlichen Bewusstseins. Siedler, München 2011.

Eccles, J. C.: Imagination and art. In: Internationale Gesellschaft für Kunst, Gestaltung und Therapie. Mitteilungsblatt 4, Mai 1987.

Epikur: Philosophie der Freude. Briefe, Hauptlehrsätze, Spruchsammlung, Fragmente. Übertragen und mit einem Nachwort versehen von P. M. Laskowsky. Insel, Frankfurt am Main / Leipzig 1988.

Erikson, E. H.: Der vollständige Lebenszyklus. Suhrkamp TB, Frankfurt am Main 1988.

Frank, R.: Körperliches Wohlbefinden durch Selbstregulation verbessern. In: Frank, R. (Hg.): Therapieziel Wohlbefinden. Ressourcen aktivieren in der Psychotherapie. 2., aktualisierte Aufl. Springer, Berlin/Heidelberg 2011 (1. Aufl. 2007), S. 141–154.

Freund, A., et al.: Selection, optimization, and compensation as strategies of life-management. In: Psychology and Aging 13, 1998, S. 531–543.

Gagel, H.: So viel Energie. Künstlerinnen in der dritten Lebensphase. AvivA, Berlin 2005.

Gawande, A.: Being Mortal. Medicine and What Matters in the End. Metropolitan Books u.a., New York 2014.

Gifford, B.: Heilung vom Tod. In: NZZ Folio: Ewig Leben / August 2015, S. 14–16.

Grüter, Th.: Morgen war einmal. Warum wir Erinnerungen an die Vergangenheit brauchen, um uns die Zukunft vorzustellen. In: Gehirn und Geist 5, 2008, S. 54–59.

Hüther, G.: Biologie der Angst. Wie aus Stress Gefühle werden. Vandenhoeck & Ruprecht, Göttingen 1999.

Izard, C. E.: Die Emotionen des Menschen. Eine Einführung in die Grundlagen der Emotionspsychologie. Beltz / Psychologie-Verlags-Union, Weinheim, 1981.

Jung, C. G.: Gesammelte Werke (GW). 20 Bde. Hg. von L. Jung-Merker / E. Rüf / L. Zander et al. Sonderausgabe. Edition C. G. Jung im Patmos Verlag, Ostfildern 2011 (Walter, Olten und Düsseldorf 1971 ff.).

Jung, C. G.: Kleines Lexikon der Analytischen Psychologie. Definitionen. Mit einem Vorwort von Verena Kast [GW 6]. Edition C. G. Jung im Patmos Verlag, Ostfildern 2013.

Jung, C. G.: Die Lebenswende (1931/2011). In: GW 8, §§ 749–795.

Jung, C. G.: Über die Psychologie des Unbewußten (1912, 2011). In: GW 7, §§ 1–201.

Kästner, E.: Vom alten Mann. In: Kast, V. (Hg.): Diese vorüberrauschende blaue einzige Welt. Gedichte zu Lebensfreude und Endlichkeit. Pendo, Zürich, S. 52.

Kast, V.: Abschiedlich existieren – sich einlassen und loslassen. In: Frick, E. / Vogel, R. T. (Hg.): Den Abschied vom Leben verstehen. Psychoanalyse und Palliative Care. Kohlhammer, Stuttgart 2012, S. 104–116.

Kast, V.: Freude, Inspiration, Hoffnung. 6. Aufl. Patmos, Ostfildern 2013 (1. Aufl. Walter, Solothurn/Düsseldorf 1991).

Kast, V.: Imagination. Zugänge zu inneren Ressourcen finden. Patmos, Ostfildern 2012 (1. Aufl. Walter, Olten 1988).

Kast, V.: Interesse und Langeweile als Quellen schöpferischer Energie. Neuausgabe. Patmos, Ostfildern 2011 (1. Aufl. Walter, Düsseldorf/Zürich 2001).
Kast, V.: Paare. Wie Phantasien unsere Liebesbeziehungen prägen. Herder, Freiburg im Breisgau 2015 (1. Aufl. Kreuz, Stuttgart 1984).
Kast, V.: Der Schatten in uns. Die subversive Lebenskraft. Neuausgabe. Patmos, Ostfildern 2016 (1. Aufl. Walter, Zürich/Düsseldorf 1999).
Kast, V.: Seele braucht Zeit. 2. Aufl. Kreuz, Freiburg im Breisgau 2014 (1. Aufl. 2013).
Kast, V.: Vom Sinn der Angst. Wie Ängste sich festsetzen und wie sie sich verwandeln lassen. 7. Aufl. (13. Gesamtaufl.) Herder Spektrum, Freiburg im Breisgau 2014 (1. Aufl. Herder, Freiburg im Breisgau 1996).
Kast, V.: Vom Sinn des Ärgers. Anreiz zur Selbstbehauptung und Selbstentfaltung. Herder, Freiburg im Breisgau u.a. 2014 (1. Aufl. Kreuz, Stuttgart 1998).
Kast, V.: Träume. Die geheimnisvolle Sprache des Unbewussten. 6. Aufl. Patmos, Ostfildern (1. Aufl. Walter, Düsseldorf 2006).
Kast, V.: Trauern. Phasen und Chancen des psychischen Prozesses. Erw. Neuausg. 35. Gesamtaufl. Kreuz, Freiburg im Breisgau 2013 (1. Aufl. 1982).
Kast, V.: Trotz allem Ich. Gefühle des Selbstwerts und die Erfahrung von Identität. 9. Aufl. Herder Spektrum, Freiburg im Breisgau 2013 (1. Aufl. Herder, Freiburg im Breisgau 2003).
Kast, V. (Hg.): Diese vorüberrauschende blaue einzige Welt. Gedichte zu Lebensfreude und Endlichkeit. Pendo, Zürich 2003.
Kast, V.: Was wirklich zählt ist das gelebte Leben. Die Kraft des Lebensrückblicks. Herder Spektrum, Freiburg im Breisgau 2014 (1. Aufl. Kreuz, Freiburg im Breisgau 2010).
Kohler, M.: Im Rausch der Malerei. In: art. Das Kunstmagazin, Juli 2015.
Küng, H.: Glücklich sterben? Mit dem Gespräch mit Anne Will. Piper, München/Zürich 2014.
Kuntze, S.: Altern wie ein Gentleman. Zwischen Müßiggang und Engagement. Bertelsmann, München 2011.

Lévinas, E.: Totalität und Unendlichkeit. Versuch über die Exteriorität. 4. Aufl. Studienausgabe. Alber, Freiburg im Breisgau u. a. 2003 (1. Aufl. 1987).
Lukrez: Über die Natur der Dinge. Übertragen und kommentiert von K. Binder. Galiani, Berlin 2014.
Maercker, A.: Posttraumatische Belastungsstörungen und komplizierte Trauer. In: Maercker, A. (Hg.): Alterspsychotherapie und klinische Gerontopsychologie. Springer, Berlin/Heidelberg/New York 2002, S. 245–282.
Maercker, A.: Psychologie des höheren Lebensalters. Grundlagen der Alterspsychotherapie und klinischen Gerontopsychologie. In: Maercker, A. (Hg.): Alterspsychotherapie und klinische Gerontopsychologie. Springer, Berlin / Heidelberg / New York 2002, S. 1–58.
Maercker, A. / Forstmeier, S. (Hg.): Der Lebensrückblick in Therapie und Beratung. Springer, Berlin / Heidelberg 2013.
Markowitsch, H.-J.: Dem Gedächtnis auf der Spur. Vom Erinnern und Vergessen. Primus, Darmstadt 2002.
Marquard, O.: Von der Theoriefähigkeit des Alters. In: ders.: Philosophie des Stattdessen. Reclam, Stuttgart 2000.
Mason, M., et al.: Wandering Mind. The default network and stimulus-independent thought. In: Science 315, 2007, S. 393–395.
Panksepp, J: Affective Neuroscience. The Foundations of Human and Animal Emotions. Oxford University Press, New York u.a. 1998.
Panksepp, J.: Science of the brain as a gateway to understanding play. An interview with Jaak Panksepp. In: American Journal of Play 2.3, 2010, S. 245–277.
Pinquart, M. / Forstmeier, S.: Wirksamkeitsforschung. In: Maercker, A. / Forstmeier, S. (Hg.): Der Lebensrückblick in Therapie und Beratung. Springer, Berlin/Heidelberg 2013, S. 47–64.
Reed, A. E. / Carstensen, L. L.: The Theory behind the age-related positivity effect. In: Frontiers in Psychology 3: 339, 2012, S. 1–9.
Riedel, I.: Die innere Freiheit des Alterns. 4. Aufl. Patmos, Ostfildern 2015 (1. Aufl. Patmos, Düsseldorf 2009).
Riedel, I.: Die Kunst der Abhängigkeit. In: Buchheim, P. / Cierpka, M. / Seifert, Th. (Hg.): Lindauer Texte. Abhängigkeit. Springer, Berlin/Heidelberg u.a. 1991, S. 197–211.

Riedel, I.: Louise Bourgeois: Die Kunst einer Neunzigjährigen. In: Emrich, H. M. / Riedel, I. (Hg.): Im Farbenkreis der Emotionen. Könighausen & Neumann, Würzburg 2003, S. 87–100.

Roth, G. / Strüber, N.: Wie das Gehirn die Seele macht. Klett-Cotta, Stuttgart 2014.

Ruch, W. / Proyer, R. T.: Positive Interventionen. Stärkenorientierte Ansätze. In: Frank, R. (Hg.): Therapieziel Wohlbefinden. Ressourcen aktivieren in der Psychotherapie. 2., aktualisierte Aufl. Springer, Berlin/Heidelberg 2011 (1. Aufl. 2007), S. 83–91.

Schiess, M.: Kämpfen oder vertrauen – sterben lernen. In: Kast, V. (Hg.): Inspirationen für ein gutes Leben. Heil sein – heil werden. Herder, Freiburg im Breisgau 2005, S. 187–195.

Schnabel, U.: Placebos. Die Medizin des Glaubens. In: DIE ZEIT 52, 19.12.2007, S. 43 f. http://pdf.zeit.de/2007/52/M-Glauben.pdf (Zugriff: 25.11.2015).

Schröder, R. A.: Alter Mann. In: Alten Mannes Sommer. Suhrkamp, Berlin 1947.

Seneca, L. A.: Philosophische Schriften. Bd. 2: De vita beata. Dialoge VII–XII. Übers., eingel. und mit Anm. versehen von M. Rosenbach. Wissenschaftliche Buchgesellschaft, Darmstadt 1999.

Seneca, L. A.: Philosophische Schriften. Bd. 3: Ad Lucilium epistulae morales I–LXIX. Übers., eingel. und mit Anm. versehen von M. Rosenbach. Wissenschaftliche Buchgesellschaft, Darmstadt 1999.

Shibata, T.: Du bist nie zu alt, um glücklich zu sein. Weisheiten einer Hundertjährigen. Pendo, München 2012.

Sin, N. L. / Lyubomirsky, S.: Enhancing well-being and alleviating depressive symptoms with Positive Psychology interventions. A practice-friendly meta-analysis. In: Journal of Clinical Psychology in Session 65.5, 2009, S. xy–xy.

Smith, J. / Baltes, P. B.: Altern aus psychologischer Perspektive. Trends und Profile im hohen Alter. In: Mayer, K. U. / Baltes, P. B. (Hg.): Die Berliner Altersstudie. Akademie Verlag, Berlin 1999, S. 221–250.

Sorkin, D. / Rook, K. S., et al.: Interpersonal control strivings and vulnerability to negative social exchanges in later life. In: Psychology and Aging 19, 2004, S. 555–564.

Staudinger, U. M.: Selbst und Persönlichkeit aus der Sicht der Lebensspannen-Psychologie. In: Greve, W. (Hg.): Psychologie des Selbst. Beltz / Psychologie-Verlags-Union, Weinheim 2000, S. 133–148.

Staudinger, U. M., et al.: Selbst, Persönlichkeit und Lebensgestaltung im Alter. Psychologische Widerstandsfähigkeit und Vulnerabilität. In: Mayer, K. U. / Baltes, P. (Hg.): Die Berliner Altersstudie. Akademie Verlag, Berlin 1999, S. 321–350.

Stone, A. A., et al.: A comparison of coping assessed by ecological momentary assessment and retrospective recall. In: Journal of Personality and Social Psychology 74, 1998, S. 1670–1680.

Weischedel, W.: Skeptische Ethik. Suhrkamp, Frankfurt am Main 1980.

Williams, M.: The fear of death. In: Journal of Analytical Psychology 3, 1958, S. 157–165.